Günter und Luise Auferbauer

Grazer Spaziergänge mit Tram und Bus

Von der Burgruine Gösting zur Landeshauptstadt Graz

Günter und Luise Auferbauer

Grazer Spaziergänge mit Tram und Bus

Herausgegeben in Zusammenarbeit

mit den
Grazer Verkehrsbetrieben

sowie mit der
Steirischen Verkehrsverbundgesellschaft

und dem
Fremdenführer-Club für Graz und die Steiermark

:STYRIA

Alle Fotos:
Günter Auferbauer
Skizzen: Roland und
Günter Auferbauer

2., völlig erneuerte Auflage
2006

Layout und Produktion:
Helmut Lenhart
Druck:
Druckerei Theiss GmbH,
St. Stefan im Lavanttal
ISBN-10: 3-222-13176-7
ISBN-13: 978-3-222-13176-9

Titelbilder:
Mur-Insel; Schlossbergbahn; in Mariatrost; am Grazer Hauptplatz; der Uhrturm, das Wahrzeichen der Landeshauptstadt Graz

Bild auf Seite 2:
Natürliche Kunst: Im Grazer Stadtwald

Inhalt

Teil II: Erlebnispunkte in Graz und Umgebung

GVB-Netzplan in der Umschlagklappe

Netzplan-Nachlieferungen kostenlos bei Mobil Zentral, Jakoministraße 1, 8010 Graz – www.mobilzentral.at

Alle beschriebenen Spaziergänge wurden persönlich begangen und recherchiert sowie nach bestem Wissen und Gewissen ausgearbeitet. Dieser Führer ist ausschließlich ein unverbindlicher Ratgeber; jede Umsetzung erfolgt in Eigenverantwortung und auf eigenes Risiko. Eine Haftung für etwaige Unfälle und Schäden jeder Art wird aus keinem Rechtsgrund übernommen.

Bitte einsteigen

zum nächsten Spaziergang mit Tram und Bus

Viele Leute reden vom öffentlichen Verkehr, wir jedoch fahren mit, in diesem Fall speziell mit „Tram und Bus", um in der Landeshauptstadt Graz und in deren nächster Umgebung all die zum Greifen nahen Ausflugsziele und Erlebnispunkte zu erreichen: Von Andritz bis Stattegg, Mariagrün und Mariatrost; von Messendorf bis Lustbühel und Petersbergen; von St. Leonhard in das Stiftingtal und Ragnitztal; von Gösting bis Thal, Eggenberg, Wetzelsdorf und Straßgang. Überall dort und noch weiter fahren Busse oder Straßenbahnen ins Grüne. Der ideelle Vorteil liegt unverzüglich auf der Hand: Anfang und Ende eines jeden solchen Spazierganges können so weit voneinander entfernt sein, wie das im Verkehrsverbund integrierte „BusBahnBim"-Netz reicht.

Unter all jenen Städten, die zu Ausflügen in Stadtrand- und Umgebungsbereiche einladen, ragt die Landeshauptstadt Graz im wahren Sinne des Wortes hervor: Wo sonst steht ein derart wertvoll gestalteter Berg im Zentrum einer Landeshauptstadt?

Der Grazer Schlossberg überragt den Hauptplatz um 123 Meter und gewährt – dank der zahlreichen Ausblickspunkte – staunenswert umfassende Panoramen auf den waldreichen und deshalb nahezu immergrünen Grazer Naherholungsraum. Dieser beginnt bereits innerhalb der 17 Stadtbezirke. Eine hufeisenförmige Hügelkette umgibt die Stadt mit einem zum Spazieren so einladenden Grüngürtel, wovon Bewohner ähnlich großer Städte träumen mögen.

Die „Grazer Spaziergänge mit Tram und Bus" basieren auf einer Auswahl empfehlenswerter Wege-Kombinationen; diese setzen sich aus Gassen und Straßen ebenso zusammen wie aus markierten Wanderrouten oder gar verborgenen Steigen.

Wer die steirische Landeshauptstadt Graz und deren ebenso einladende Umgebung in umweltfreundlichem Stil kennen lernen will, spaziert nicht nur im Grünen, sondern lässt sich mit Tram und Bus ins Grüne fahren:

Derzeit verbinden acht Straßenbahnlinien und 38 Buslinien das Grazer Stadtzentrum mit den Außenbezirken; zusätzlich bedienen Regionalbuslinien den außerhalb der Stadtgrenzen liegenden Naherholungsraum: beispielsweise Rinnegg, Kreuzberg und den Luftkurort St. Radegund. Von hier ist nur noch „ein Katzensprung" nötig, um den Schöckl – den Grazer Hausberg Nummer eins – zu erreichen.

Der Erholungsraum der Stadt Graz reicht weit über den Schlossberg und den Stadtpark hinaus; als wortecht bewegende Ziele empfehlen sich unter anderem: Spaziergänge entlang der Mur; Stufensteigen über die Jakobsleiter am Reinerkogel, Dahinschlendern am Rosenberg und auf den Plattenwegen; naturnahes Erleben in der Rettenbachklamm, im Leechwald und im Anblick der Riesenbäume am Messendorfberg; Halbtagswandern entlang der Stadtgrenze vom Fürstenstand am Plabutsch über den Mühlberg, Gaisberg, Kollerberg, Ölberg und Buchkogel zum Florianiberg; Bootfahren auf dem Hilmteich und Thalersee; nicht zu vergessen das In-die-Ferne-Sehen von der Burgruine Gösting, Platte, Rudolfswarte sowie vom Fürstenstand, Ruckerlberg oder gar vom Schöckl.

Jedes naturbezogene Erlebnis erhöht den Wert des (noch) unversehrten, daher naturbelassenen Grazer Naherholungsraumes. Wer diesen Heimvorteil zu schätzen weiß, fühlt sich umso mehr mit jedem Schritt und Höhenmeter aus dem Alltag herausgehoben.

Den Grazerinnen und Grazern sowie allen Gästen, welche die Landeshauptstadt Graz von deren grünen – oder gar schneeweißen – Seite näher kennen lernen wollen, sind diese 50 „Grazer Spaziergänge mit Tram und Bus" gewidmet:

Willkommen zu jeder Jahreszeit in den Erholungslandschaften der Stadtbezirke und im angrenzenden Umland. Bitte einsteigen zum nächsten Spaziergang mit Tram und Bus.

Günter und Luise Auferbauer

Graz, im Frühjahr 2006

„Grazer Spaziergänge mit Tram und Bus“

Die Grazer Verkehrsbetriebe bedanken sich beim Ehepaar Auferbauer und beim Verlag Styria für die Herausgabe der 2. Auflage der „Grazer Spaziergänge mit Tram und Bus“, die teils weit über die Grenzen des Grazer Stadtraumes hinausgehen.

Umwelt und Umgebung der Stadt Graz sind den GVB als größter Mobilitätsanbieter von Südösterreich ein besonderes Anliegen. Wir stellen unsere Dienstleistungen an 364 Tagen im Jahr, beinahe rund um die Uhr zur Verfügung. Was wäre Graz ohne die Grazer Verkehrsbetriebe? Man stelle sich vor, nur ein geringer Prozentsatz der Fahrgäste würde anstatt Bus und Tram ein Auto benutzen – die Luftsituation in unserer Stadt wäre um ein Vielfaches schlechter!

Die GVB sehen sich als größtes städtisches Umweltunternehmen, das permanent versucht, durch umweltfreundliche und technische Innovationen einen Beitrag zur Verbesserung des städtischen Klimas zu leisten. Alle GVB-Busse fahren mit umweltfreundlichem Diesel und werden bis Ende des Jahres mit Partikeloxidations-Katalysatoren ausgestattet sein mit dem Ergebnis, dass der Ausstoß an umweltschädlichen Partikeln um 70 Prozent reduziert wird. Die strombetriebenen Straßenbahnen sind schon seit über 100 Jahren als „emissionslose Wesen“ bekannt.

Ein weiterer Beitrag zur Feinstaubreduktion erfolgte mit der Einführung des Handytickets: Bei hoher Feinstaubbelastung werden die Autofahrer aufgerufen, ihr Fahrzeug stehen zu lassen und gratis das 24-Stunden-Handyticket der Zone 101 (Großraum Graz) des Steirischen Verkehrsverbundes zu nützen.

Über 750 Mitarbeiterinnen und Mitarbeiter der GVB betreiben derzeit acht Straßenbahnlinien, 23 Buslinien sowie sieben Nightlines. Um noch mehr Menschen den Umstieg auf öffentliche

Schlossberg

Die Grazer Stadtwerke und die GVB realisieren kontinuierlich reizvolle Angebote für die Grazer Bevölkerung: Schlossbergbahnwagen und die Installierung der Schlossberglifte – die Lifte fahren im Inneren des Berges bis zum Uhrturm – haben dazu geführt, dass die Anzahl der Besucher des Schlossbergs stark zugenommen hat.

Cabriobus

Im Rahmen des Projektes „Graz 2003 – Kulturhauptstadt Europas“ wurde von den GVB eine einzigartige Attraktion geboren: der Cabriobus. Bis zu 40 Personen können bei einer Fahrt mit dem Bus ein Openair-Feeling der besonderen Art erleben. In den Sommermonaten werden jeweils um 11 Uhr Sightseeingtouren, gemeinsam mit dem Fremdenführer-Club für Graz und Steiermark, durchgeführt. Ein besonderes Erlebnis erwartet Sie bei einer Fahrt mit dem Cabriobus in den Vollmondnächten, in denen Sie die Stadt Graz in einem völlig „neuen Licht“ erleben können.

Verkehrsmittel schmackhaft zu machen, sind wir ständig bestrebt, die Qualität unserer Dienstleistungen, vor allem unserer Betriebsmittel, zu verbessern. Es liegt an allen Grazerinnen und Grazern bzw. an jenen Menschen, die nach Graz pendeln, um ihrer Arbeit oder Freizeitbeschäftigung nachzugehen, die Einrichtungen der GVB zu benutzen. Der Ausbau der Straßenbahnlinien 4, 5 und 6 wird ebenso zur weiteren Attraktivierung des öffentlichen Verkehrs in Graz beitragen.

Das Mobilitätszentrum in der Jakoministraße 1 – Jakominiplatz bietet allen GVB-Kunden ein umfangreiches Service. Das Angebot reicht von Fahrplan- und Tarifauskünften bis zum Fahrscheinverkauf (für alle 64 im Steirischen Verkehrsverbund zusammengeschlossenen Unternehmen), Kartenvorverkauf bis zum Fundbüro.

Für Auskünfte stehen unsere Mitarbeiter(innen) von Montag bis Freitag von 8 Uhr bis 18 Uhr und samstags von 9 Uhr bis 13 Uhr unter der Telefonnummer 0316/887-8804 oder per E-Mail mobilitaetszentrum@gstw.at zur Verfügung.

Informationen über aktuelle Angebote und Fahrplanauskünfte finden sich auch auf unserer Homepage – www.gvb.at

Als Dienstleistungsunternehmen mit den Schwerpunkten Verkehr und Freizeit wünschen die GVB allen Fahrgästen viel Freude an diesem Büchlein. Wir hoffen, dass möglichst viele die eine oder andere Wanderanregung umsetzen und ihre Fahrt zum Ausgangspunkt der Wanderung bzw. wieder zurück mit dem Bus oder der Straßenbahn der GVB zurücklegen.

Dr. Antony Scholz
Direktor der Grazer Verkehrsbetriebe

Tramway-Museum

Das Tramwaymuseum Graz wurde 1971 gegründet und befindet sich in der Remise an der Endstation der Linie 1 in Mariatrost. Rund 40 Oldtimerstraßenbahnen aus Graz, Wien, München, Amsterdam, Dubrovnik und New York zeigen die Entwicklung der Straßenbahnen und der Technik. In den Sommermonaten werden Oldtimer-Sightseeingfahrten auf der Strecke Hauptbahnhof – Mariatrost/Tramway-Museum angeboten.

Schöckl

Ein Besuch am Schöckl – dem Grazer Hausberg – ist ein Erlebnis zu jeder Jahreszeit. Der Schöckl ist ein traditionsreiches Naherholungsgebiet und in nur rund 30 Minuten von Graz, z. B. auch mit dem ÖBB-Postbus, erreichbar. Mit der Seilbahn, dem „Hexenexpress“ – einer Allwetterrodelbahn, die 2003 eröffnet wurde – , und den Gaststätten bietet der Schöckl ein breites Freizeitprogramm für Familien, Erholungssuchende, aber auch für Sportler(innen) (Wanderer, Mountainbiker, Paragleiter etc.) an. Für den Wintersport ist der Schöckl ebenfalls ein wichtiges Thema: Mit Schleppliften und gut präparierten Pisten präsentiert er sich auch zu dieser Jahreszeit als sportlicher Erholungsraum in unmittelbarer Nähe der Stadt.

Die Verbund Linie – der Verkehrsverbund Steiermark

er Jakominiplatz als Verkehrs-
ehscheibe

Am 28. Februar 1994 startete der Verkehrsverbund vorerst im Großraum Graz. Die Ausweitung auf die gesamte Steiermark erfolgte mit 1. März 1997. Seither können alle Steirerinnen und Steirer ein landesweit einheitlich strukturiertes und dazu einfach anwendbares Tarifsystem in Anspruch nehmen.

Verbundpartner
64 Verkehrsunternehmen sind steiermarkweit Partner im Verkehrsverbund, darunter die Grazer Verkehrsbetriebe (GVB), die Österreichischen Bundesbahnen (ÖBB) mit ihrer Personenverkehrs-AG, die Graz-Köflacher Bahn und Busbetrieb GmbH (GKB), die ÖBB-Postbus GmbH, die Steiermärkischen Landesbahnen und viele private Busunternehmen, darunter die für den Grazer Raum wichtigen Firmen Gruber, Grünerbus, Format-Reisen, Niederl, Ofner, Tropper, Watzke und Weiss.
Finanziert wird der Verkehrsverbund vom Bund, dem Land Steiermark und der Stadt Graz.

Zonen und Zeit bilden den Fahrpreis
Die gesamte Steiermark ist in Tarifzonen eingeteilt. Der Fahrpreis richtet sich nach der Anzahl der befahrenen Zonen und nach der Zeit, in der Sie das Angebot nützen wollen. Die Palette reicht von der 1-Stunden-Karte für eine Zone bis zur Jahreskarte.

Die System-Vorzüge:
- In jeder Zone, für welche das gelöste Ticket gilt, können alle öffentlichen Verkehrsmittel benützt werden. Innerhalb der Geltungsdauer und Zone(n) kann man „kreuz und quer“ fahren.
- Die Verbundfahrkarten sind übertragbar. Halbjahres- und Jahreskarten gibt es wahlweise auch in persönlicher Form mit Foto.
- Die Fahrpreise bei den Zeitkarten (Wochen-, Monats-, Halbjahres- und Jahreskarten) sind im Vergleich zu anderen Landeshauptstädten sehr niedrig.
- Die Zeitkarten weisen ein so genanntes „Fließdatum“ auf. Das heißt, dass Sie den Beginn der Geltungsdauer selbst bestimmen. Wochenkarten sind nicht an eine Kalenderwoche und Monatskarten nicht an einen Kalendermonat gebunden.

insteigen, bitte!

Die Fahrkarten:

- Die Stundenkarte ist erhältlich in Tram und Bus, an Bahnhöfen, bei Fahrkartenautomaten und im Mobilitätszentrum Graz, Jakoministraße 1.
In den GVB-Fahrzeugen erhalten Sie ausschließlich Stundenkarten für die Zone 101 (Großraum Graz); diese Karten – gültig eine Stunde lang im Liniennetz der Verbundzone 101 – entwerten Sie bitte beim Automaten im Fahrzeug.
- Die 10-Zonen-Karte erhalten Sie bei allen GVB-Vorverkaufsstellen, an Bahnhöfen, bei Fahrkartenautomaten und bei wichtigen Trafiken in der Region.
Achtung: Achten Sie auf den „Trick mit dem Knick"! Entwerten Sie die Karte in aufsteigender Richtung (wie die Pfeile) und ab dem Feld Nummer eins. Fahren Sie beispielsweise drei Zonen weit, dann entwerten Sie bitte bei einer neuen Karte das dritte Feld. Beachten Sie bitte: Durch den Stempelaufdruck gelten das abgestempelte Feld und alle Felder mit niedrigerer Nummer als entwertet.
- Die 24-Stunden-Karte gilt ab der Entwertung 24 Stunden. Diese Karten sind ideal bei langen Einkäufen oder für die Freizeit. Für die Zone 101 (Großraum Graz) erhalten Sie die 24-Stunden-Karte in Tram und Stadtbus. An Bahnhöfen, Fahrkartenautomaten und in Regionalbussen können Sie 24-Stunden-Karten für beliebige Zonen erwerben.
- Wochen- und Monatskarten für die Zone 101 (Großraum Graz) gibt es im Vorverkauf. Das gesamte Fahrkarten-Sortiment inklusive Halbjahres- und Jahreskarten ist im Mobilitätszentrum Graz, Jakoministraße 1, erhältlich.
- Verbundkarten sind mit den Fahrausweisen der Eisenbahnen kompatibel. Das heißt, eine Bahnfahrkarte muss nur ab jener Zone hinzugekauft werden, wo die Verbundkarte, mit der Sie zum Bahnhof angereist sind, endet.

Weitere Informationen:

Mobil Zentral 0316/82 06 06

www.verbundlinie.at –
alles Wissenswerte über den Verkehrsverbund

www.busbahnbim.at –
alle Fahrpläne steiermarkweit

*Viel Spaß beim Wandern und Spazieren
im Verbund mit Tram und Bus*

Mit der Straßenbahn zu Ausflügen und Spaziergängen

Stadtverkehr Graz: Alle Tram- und Buslinien

Stand: März 2006

Straßenbahnlinien

1 Eggenberg/UKH – Jakominiplatz – Mariatrost/ Tramway-Museum GVB
Tram verkehrt täglich; abends zusätzlich über Hauptbahnhof

3 Hauptbahnhof – Jakominiplatz – Krenngasse GVB
Tram verkehrt Montag bis Samstag (wenn Werktag), jeweils bis ca. 19.30 Uhr

4 Andritz – Jakominiplatz – Liebenau/ Stadion* GVB
Tram verkehrt Montag bis Samstag (wenn Werktag), jeweils bis ca. 19.30 Uhr

5 Andritz – Jakominiplatz – Puntigam* GVB
Tram verkehrt täglich

6 Hauptbahnhof – Jakominiplatz – St. Peter/ Schulzentrum* GVB
Tram verkehrt täglich bis ca. 20 Uhr

7 Wetzelsdorf – Jakominiplatz – St. Leonhard/LKH GVB
Tram verkehrt täglich; abends zusätzlich über Hauptbahnhof

12 Andritz – Jakominiplatz – St. Leonhard/LKH GVB
Tram verkehrt nur an Sonn- und Feiertagen

13 Liebenau/Stadion – Jakominiplatz – Krenngasse GVB
Tram verkehrt ganztägig an Sonn- und Feiertagen; Montag bis Samstag jeweils ab ca. 19.30 Uhr

Buslinien

30 Gebietskrankenkasse – Jakominiplatz – Geidorfplatz – Geidorf GVB

31 Webling – Don Bosco* – Jakominiplatz – Wirtschaftskammer GVB

32 Seiersberg – Don Bosco* – Jakominiplatz GVB

33 Eggenberger Allee – Don Bosco* – Jakominiplatz GVB

***Anmerkungen zu Baumaßnahmen**

Linie 4: Verlängerung ab Liebenau/Stadion zum Shopping-Center Murpark am Sternäckerweg; Fertigstellung Frühjahr 2007

Linie 5: Verlängerung ab dem Brauhaus zum Nahverkehrsknoten Puntigam; Fertigstellung im Dezember 2006

Linie 6: Verlängerung ab St. Peter/Schulzentrum in das Peterstal; Fertigstellung Frühjahr/ Mitte 2008

Linien 31, 32, 33: Neuer Halt am Nahverkehrsknoten Bahnhof Don Bosco; Fertigstellung im Jahre 2007

In Zusammenhang mit den oben erwähnten Linien-Verlängerungen erfolgen sowohl im Straßenbahnnetz als auch im Busnetz Anpassungsmaßnahmen, welche jedoch zum Zeitpunkt der Drucklegung noch nicht fixiert waren.

34 Thondorf – Neusiedlergasse – Jakominiplatz GVB

34E Theyergasse – Jakominiplatz GVB

35 Jakominiplatz – Citypark Watzke

36 St. Peter/Schulzentrum – Messendorf – Raaba/ÖBB-Bahnhof GVB

39 Urnenfriedhof – Jakominiplatz – Uni/RESOWI GVB

40 Gösting – Lendplatz – Jakominiplatz GVB

41 Dürrgrabenweg – Andritz – St. Leonhard/LKH ÖBB-Postbus
Bus verkehrt Montag bis Freitag jeweils ab ca. 20 Uhr sowie an Samstagen, Sonn- und Feiertagen jeweils ganztägig nur im Abschnitt Dürrgrabenweg – Andritz

42 Andritz – Seminarstraße Gersin

43 Andritz – Saumgasse Gersin

45 Andritz – St. Veit – Rannach Handl

47 Andritz – Kalkleiten – Leber Watzke

48 Gösting – Thal-Kötschberg – Thalersee GVB

50 Hauptbahnhof – Gürtelturm – Zentralfriedhof GVB

52 Hauptbahnhof – Shopping-Center Nord – Andritz – Ziegelstraße GVB

53 Hauptbahnhof – Andritz – Stattegg/Fuß der Leber GVB
Bus verkehrt Montag bis Freitag jeweils ab ca. 20 Uhr, an Samstagen ab ca. 18 Uhr sowie an Sonn- und Feiertagen jeweils ganztägig nur im Abschnitt Andritz – Stattegg/Fuß der Leber

58 Hauptbahnhof – Lendplatz – Geidorfplatz – Mariagrün GVB

60 Krenngasse – Lustbühel GVB

61 Eisteichsiedlung – Berliner Ring Watzke

62 Puntigam – Straßgang – Göstinger Straße/UKH – Seniorenzentrum – Carnerigasse GVB

63 Hauptbahnhof – Universität – Petersbergenstraße GVB

64 St. Peter/Schulzentrum – Puntigam – Shopping-Center West – Wetzelsdorf GVB

67 Zentralfriedhof – Griesplatz – Lendplatz – Zanklstraße GVB

Fakten zum GVB-Netz

Gesamtlänge aller GVB-Linien 484 Kilometer.

Unter Berücksichtigung beider Fahrtrichtungen ergeben sich für das GVB-Netz folgende Längen:
102 km Straßenbahnlinien
382 km Buslinien

Mehrfach befahrene Streckenabschnitte sind auch mehrfach berechnet.

Leistungen:
Im Jahre 2005 wurden folgende Mengen an Fahrkilometern erzielt:

9,655.851 Bus-km (mit insgesamt 38 Linien)

8,340.710 Tram-km (mit insgesamt acht Linien)

Am Jakominiplatz

Am Grazer Hauptplatz

68/69 Lustbühel – Petri Au – St. Peter/ Schulzentrum — Watzke

71 St. Peter/Schulzentrum – Ostbahnhof — Watzke

74 Liebenau/Stadion – Thondorf – Dörfla — GVB

77 St. Leonhard/LKH – Ragnitz — GVB

78 Gedersberg – Seiersberg – Puntigam — Grünerbus, Watzke

79 Pirka – Seiersberg – Pirka – Gedersberg — Grünerbus

80 Puntigam – Rudersdorf – Feldkirchen/ Raiffeisenplatz — Watzke

81 Mariagrün – Pfeifferhofweg – Rottalgasse — Gersin

82 St. Leonhard/LKH – Stifting — GVB

83 Mariagrün – Volksschule Mariagrün — Gersin

85 Hauptbahnhof – Göstinger Straße/UKH – Gösting — GVB

Grazer Nightlines

N1 Gösting – Eggenberg – Jakominiplatz – Mariatrost/Tramway-Museum — GVB

N2 Webling – Don Bosco – Jakominiplatz – Universität – Wirtschaftskammer — GVB

N3 Gösting – Shopping Nord – Jakominiplatz – Krenngasse – Petersbergenstraße — GVB

N4 Thondorf – Jakominiplatz – Liebenau – Dörfla — GVB

N5 Flughafen Graz – Feldkirchen – Puntigam – Jakominiplatz – Andritz – Oberandritz — GVB

N6 Unterpremstätten – Seiersberg – Jakominiplatz – St. Peter/Schulzentrum – Raaba/ ÖBB-Bahnhof – Raaba/Kreisverkehr — GVB
Bus bedient seit 19. April 2006 auch Unterpremstätten

N7 Karl-Etzel-Weg – Wetzelsdorf – Don Bosco – Jakominiplatz – St. Leonhard/LKH – Ragnitz — GVB

Ausbau im Grazer Straßenbahnnetz mit den Linien 4, 5 und 6

In der steirischen Landeshauptstadt Graz rührt sich zurzeit viel zum Thema „Mehr öffentlicher Verkehr“: Gleich drei Straßenbahnlinien – die Nummern 4, 5 und 6 – werden derzeit verlängert; außerdem kommen in absehbarer Zeit zwei neue Nahverkehrsknoten hinzu: Puntigam (noch im Jahr 2006) und ein Jahr später Don Bosco.

Der neue Vierer

Im Frühjahr 2007 soll das neue Shopping-Center „Murpark“ zeitgleich mit der bis dahin verlängerten Straßenbahnlinie 4 eröffnet werden. Ab dann führt die Linie 4 von der unmittelbar vor dem Stadioneingang neu errichteten Haltestelle entlang des Autobahnzubringers A2, vorbei am Parkhaus am Petersbach, zur neuen Endstation inmitten des ebenfalls neuen Shopping-Centers „Murpark“ in Liebenau. Rund 1,3 Kilometer misst die neue Tramstrecke – und diese garantiert ein total neues Fahrgefühl: Erstmals ist es in Graz möglich, per Straßenbahn bequem und direkt ein modernes Shopping-Center zu erreichen.
Am Petersbach ist die Errichtung eines neuen Parkhauses geplant; es bietet Pendlerinnen und Pendlern die Möglichkeit, vom Auto direkt in die „Bim“ umzusteigen und daher in komfortabler Weise mit der Straßenbahn das Stadtzentrum zu erreichen.

Der neue Fünfer und der Nahverkehrsknoten Puntigam

Die verlängerte Straßenbahnlinie 5 fährt nach der Haltestelle Maut Puntigam über eine Rampe bergab zur neuen, tiefer liegenden Haltestelle Brauhaus Puntigam; diese wird über eine Treppe und einen Lift erreichbar sein. Anschließend unterquert die Tramlinie 5 auf einer Länge von rund 300 Metern die Triesterstraße und die ÖBB-Bahntrasse zum neuen Nahverkehrsknoten Puntigam. Dessen riesiges Membran-Dach ermöglicht ein bei jedem Wetter angenehmes Umsteigen zwischen Bim, Bahn und

Der „Fünfer“ bedient die Linie Andritz – Puntigam

Bus. Der Nahverkehrsknoten Puntigam verbindet den ÖBB-Bahnhof Puntigam mit der Straßenbahnlinie 5 und den Buslinien 62, 64, 78 und 80. Nur eine Station vom Knoten Puntigam entfernt erreicht man mit der Linie 64 den IKEA und zwei Stationen danach das Shopping-Center West. Ende 2006 ist der Nahverkehrsknoten Puntigam fertig gestellt und sogleich eröffnen sich neue Umsteigemöglichkeiten: Beispielsweise erreicht man per Zug innerhalb von zehn Minuten den Grazer Hauptbahnhof.

Ein weiterer Nahverkehrsknoten: Don Bosco

Bis zum Herbst 2007 entsteht ein weiterer Nahverkehrsknoten, jener bei Don Bosco. Hier errichten die ÖBB eine neue Bahnhaltestelle und diese ermöglicht ein direktes Umsteigen zur Haltestelle der Buslinien 31, 32 und 33, welche an der Bahnunterführung liegt.

Die Wendeschleife beim Schulzentrum St. Peter

Rechts: Die neue Schlossbergbahn

Der neue Sechser

Ein Schwerpunkt-Thema in den nächsten Jahren bildet die seit gut 20 Jahren in allen Verkehrskonzepten der Stadt Graz mit höchster Priorität festgelegte Verlängerung der Straßenbahnlinie 6. Diese führt von der derzeitigen Endhaltestelle St. Peter/Schulzentrum mit einer Verlängerung von 1850 Metern bzw. mit fünf zusätzlichen Haltestellen zur neuen Endhaltestelle im Peterstal; diese Trasse dient vor allem den Bewohnern des in St. Peter dicht bebauten Siedlungsgebietes. Dank der neuen Straßenbahnlinie wird der Individualverkehr abnehmen; das bedeutet für die Bewohner mehr Verkehrssicherheit und verringerte Feinstaubbelastung. Im Frühjahr und Sommer 2006 werden bereits in den ersten Abschnitten die Gleise verlegt; bis Frühjahr/Mitte 2008 sollen die Arbeiten abgeschlossen sein und dann wird der „verlängerte Sechser" den Betrieb aufnehmen.

1

1 Hauptplatz – Schlossberg – Stadtpark – Geidorfplatz

Das erstrangige Natur-Kultur-Erlebnis inmitten der steirischen Landeshauptstadt Graz

Der Uhrturm, das Grazer Wahrzeichen

Die Spazierstrecke

Gehzeit 1 Std.
Anstieg 124 Hm
Abstieg 104 Hm
Weglänge 3 km
Buggy-tauglich bei Benutzung der Schlossbergbahn oder der Schlossberglifte.

Ausgangspunkt

Haltestelle Hauptplatz/Congress; Tramlinien 1, 3, 4, 5, 6, 7, 12

Zielpunkt

Haltestelle Geidorfplatz; Buslinien 30, 31, 41, 58, 63

Aufstiegshilfen

Vorteilhaft u. a. für Familien mit Kinderwagen.
Schlossbergbahn: Zugang ab der gleichnamigen Haltestelle (Tramlinien 4, 5, 12).
Schlossberglifte: Zugang ab der Haltestelle Schlossbergplatz/Mur-Insel (Tramlinien 4, 5, 12).

Man schlendert vom **Hauptplatz** (350 m) durch die Sackstraße zum **Schlossbergplatz.** Gegenüber vom Reinerhof, dem „ältesten Haus von Graz", informiert eine große Übersichtstafel über die wichtigsten Sehenswürdigkeiten am Schlossberg. Der Anstieg erfolgt auf dem Schlossbergsteig (Gedenktafel mit „Kriegssteig") zum Herbersteingarten und **Uhrturm.** Der bei diesem markanten Wahrzeichen von Graz liegende Eckplatz gewährt den besten Blick sowohl auf die Grazer Altstadt als auch über weite Teile des Stadtgebietes.
Bergwärts und vom nahen **Türkenbrunnen** gelangt man innerhalb weniger Gehminuten zur Stallbastei und von dieser zur Bergstation der Schlossbergbahn. Gegenüber steht der **Glockenturm.** An der Stirnseite der Kasematten führt der Weg auf das als Park gestaltete Plateau. Unweit des schmiedeeisernen Brunnens erreicht man den höchsten Punkt auf dem **Schlossberg** (474 m).
Ab dem Eingang zu den Kasematten folgt man – nun ostseitig absteigend – der Dr.-Karl-Böhm-Allee. Oder man benutzt Nebenwege und gelangt zu der nach Freiherr von Welden benannten Straße.
Am Fuße des Schlossberges durchquert man einen Torbogen und steht nun am Rand des **Karmeliterplatzes.** Die Paulustorgasse leitet zum wehrhaft

Das Herzstück im Grazer Stadtpark

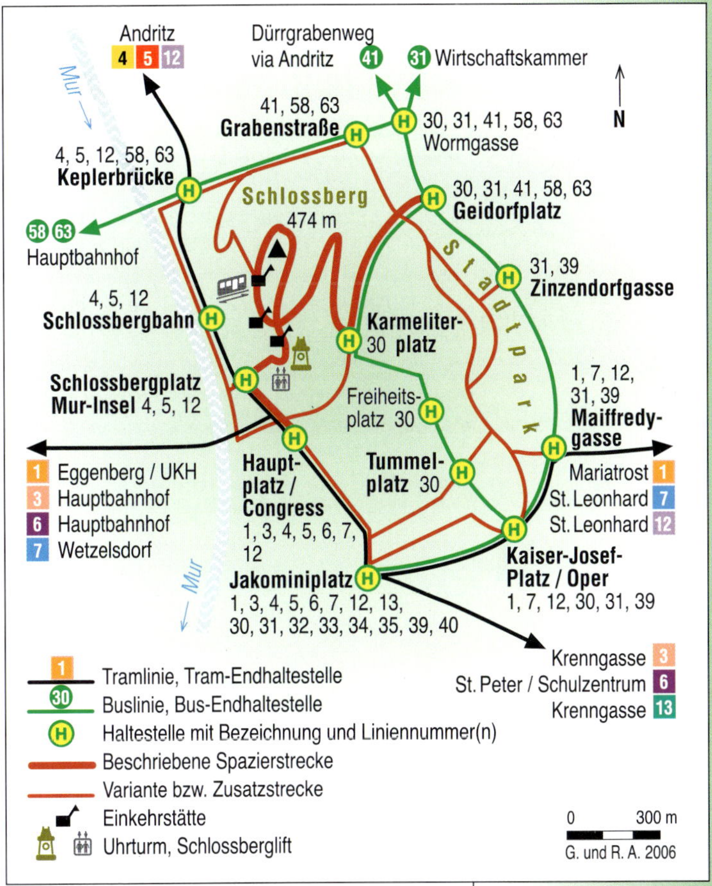

gemauerten Paulustor; dieses verbindet den östlichen Stadtkern mit dem **Stadtpark.**

Am Rand des Landesturnhallen-Areals steht das Jahn-Denkmal; hier gabeln sich mehrere Stadtparkwege. Die Maria-Theresien-Allee leitet zum **Geidorfplatz.**

Erlebnispunkte

Beschreibungen siehe auch Teil II.

Hauptplatz; mit Rathaus, Erzherzog-Johann-Denkmal, Bürgerhäusern.

Schlossberg; mit Herbersteingarten, Bürgerbastei, Uhrturm, Türkenbrunnen, Stallbastei, Glockenturm, Major-Hackher-Denkmal (Hackher-Löwe), Kasematten.

Freiheitsplatz; seit dem Jahr 2005 neu gestaltet.

Paulustorgasse; mit Volkskundemuseum, Paulustor.

Stadtpark; mit Platz der Versöhnung, Jahn-Denkmal.

Jakominiplatz; Verkehrs-Drehscheibe im Stadtzentrum.

Einkehrstätten

Schlossberg-Restaurant; an der Schlossbergbahn-Bergstation. Mit großem Gastgarten unter Kastanienbäumen

Starcke-Häuschen; idyllisches Café-Restaurant mit Garten. Zugang beim Türkenbrunnen, unterhalb der Stallbastei

Uhrturm-Café; an der Schlossberglift-Bergstation. Mit großer Terrasse „im Banne des Uhrturms“

2 Schwimmschulkai – Kalvarienberg – Hauptplatz

Der Kalvarienberg

Am linken Ufer stadtauswärts, am rechten Ufer stadteinwärts

Seit Ende Jänner 2006 kann der Kreuzungsbereich Keplerbrücke murseitig gefahrlos umgangen werden: Eine 137 Meter lange Stahlkonstruktion – „derzeit die längste Brücke im Stadtgebiet Graz“ – dient als Fuß- und Radweg, auf welchem die Keplerbrücke unterquert wird.

Man schlendert das linke Ufer der Mur flussauf-

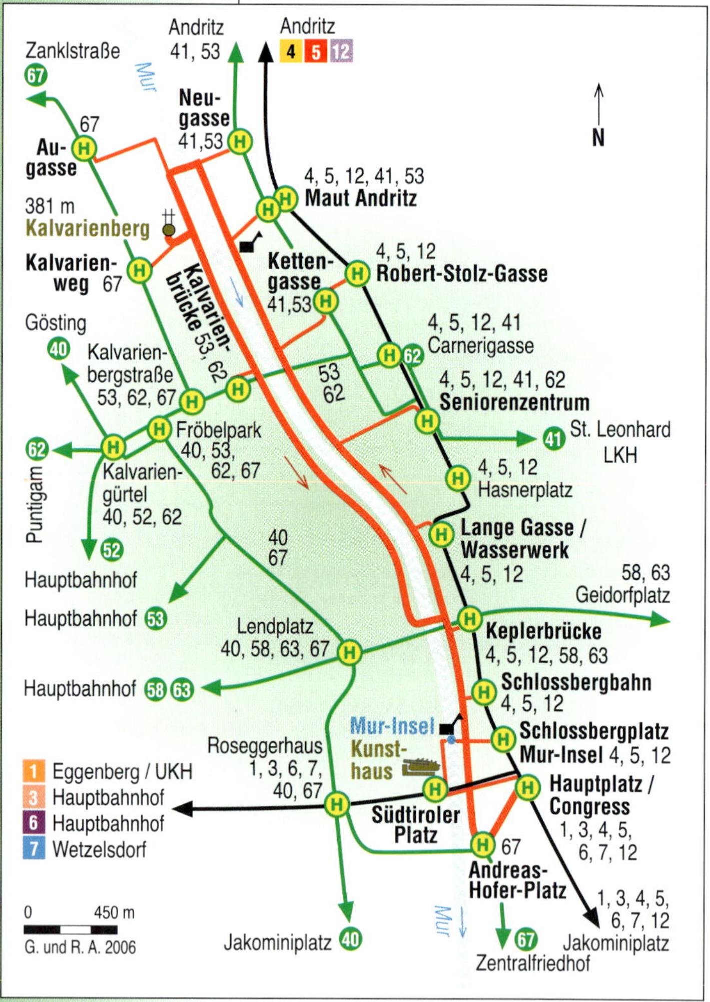

wärts: Der **Schwimmschulkai** leitet zur Kalvarienbrücke; diese wird unterquert. Die anschließende, nach Bürgermeister Gustav Scherbaum benannte Promenade führt zunächst an den Beach-Volleyballplatz heran und entlang einer Heimgartenanlage zum **Pongratz-Moore-Steg,** auf diesem überquert man die Mur vom linken an das rechte Flussufer. Nur wenige Minuten flussabwärts gehend, erreicht man den **Kalvarienberg;** ein gepflasterter Weg leitet zur Kreuzigungsgruppe.

Der am rechten Ufer der Mur anfangs von urigen Weiden gesäumte Spazierweg führt wiederum zur Kalvarienbrücke und aus deren Unterführung zur **Keplerbrücke,** auf der man an das linke Ufer gelangt. Nun folgt man am Kaiser-Franz-Josef-Kai dem Fußweg bis in Höhe der **Mur-Insel.** Ab hier gelangt man sowohl auf dem Kai als auch am Fuß der Kaimauer zur Hauptbrücke, **Tegetthoffbrücke** und zum Andreas-Hofer-Platz. An der Ecke mit der alten Stadtmauer (Gedenktafel für Hammer-Purgstall) geht man zur Albrechtgasse und erreicht durch diese den Hauptplatz.

Auf dem Kalvarienberg

Erlebnispunkte

Beschreibungen siehe auch Teil II.

Elise-Steininger-Steg; die an der Keplerbrücke errichtete Geh- und Radweg-Unterführung wurde am 28. Jänner 2006 eröffnet.

Ehemalige Überfuhr; die Rollfähre verkehrte von 1934 bis 1958; Fundament-Reste an beiden Ufern der Mur (zwischen Kalvarienkirche und Heimgartenpark).

Pongratz-Moore-Steg; benannt nach den Erbauern des Grazer Wasserleitungsnetzes. Der Steg dient Fußgängern und Radfahrern.

Kalvarienberg (381 m); „Berg der Hoffnung"; mit Kirche („Steirisches Wahrzeichen") und Kreuzweg: ostseitiger Aufgang mit 99 Stufen, westseitig 123 Stufen; Zugangszeit 8–19 Uhr.

Kalvarienbrücke; elegante Stahlkonstruktion; seit 1992.

Kaiser-Franz-Josef-Kai; umfassender Blick u. a. auf das rechte Ufer der Mur, mit „Nürnberger Häusern", Mariahilferkirche.

Mur-Insel und Kunsthaus; zwei nachhaltig wirkende „Monumente" aus dem Kulturhauptstadtjahr 2003.

Franziskanerkirche; mit dem Bürgerhaus-Ensemble des ehemaligen Kälbernen Viertels.

Hauptplatz; mit Motivblick zum Uhrturm. An der Westseite des Platzes die Giebelhäuser, ehemals „Hofstätten" genannt.

Die Spazierstrecke

Gehzeit bis 2.30 Std.
Weglänge bis 7 km
Buggy-tauglich gesamte Strecke.

Ausgangspunkt

Haltestelle Keplerbrücke; Tramlinien 4, 5, 12; Buslinien 58, 63

Zielpunkt

Haltestelle Hauptplatz/Congress; Tramlinien 1, 3, 4, 5, 6, 7, 12

Einkehrstätten

Mur-Beach; Buffet am Volleyballplatz, Ecke Makartgasse/Gustav-Scherbaum-Promenade

Mur-Insel; Café mit „Arena auf Deck", Zugang von beiden Seiten der Mur

3 Ulrichsbrunn – Mariagrün – Grabenhofen

Eine weite, reizvolle Schleife im Uhrzeigersinn: Von der Nordseite des Reinerkogels zu dessen Sonnseite

Kirche Mariagrün

Die Spazierstrecke

Gehzeit 2 Std.
Anstieg 150 Hm
Abstieg 150 Hm
Weglänge 7 km
Buggy-tauglich gesamte Strecke.

Der Ulrichsweg, der Reinerweg und der Viktor-Zack-Weg liegen an der Nordseite des Reinerkogels und können zu Beginn dieses Spazierganges beliebig kombiniert werden.

Der Zugang ab der Tram-Endhaltestelle Andritz erfolgt zunächst in Richtung Stukitzbad. Kurz davor biegt man in den **Schöcklbachweg** ein und folgt diesem bis zum Haus Nr. 43; hier überquert man auf einem Steg den Schöcklbach zur Straße Am Stadlgrund und erreicht – unweit vom Gasthof Pfleger – die Andritzer Reichsstraße. Am Beginn der Kurve nun auf dem **Ulrichsweg** zur Bäckerei Wölfl. Vor dem Kriegsopferkreuz zweigt man auf einen Privatweg bergwärts zur kleinen **Kirche St. Ulrichsbrunn** (401 m) ab. Am Rand des ebenen Platzes liegt eine Grotte, deren Quelle – der „Ulrichsbrunn" – Augenleiden lindert, wie der Volksmund weiß.

Ein Pfad leitet durch Wald bergan zum Reinerweg. Nun, linkshaltend, spaziert man an der Nordseite des Reinerkogels zum Viktor-Zack-Weg. Die Saumgasse führt leicht bergan zum **Kreuzwirt,** sodann

Am Grabenhofenweg

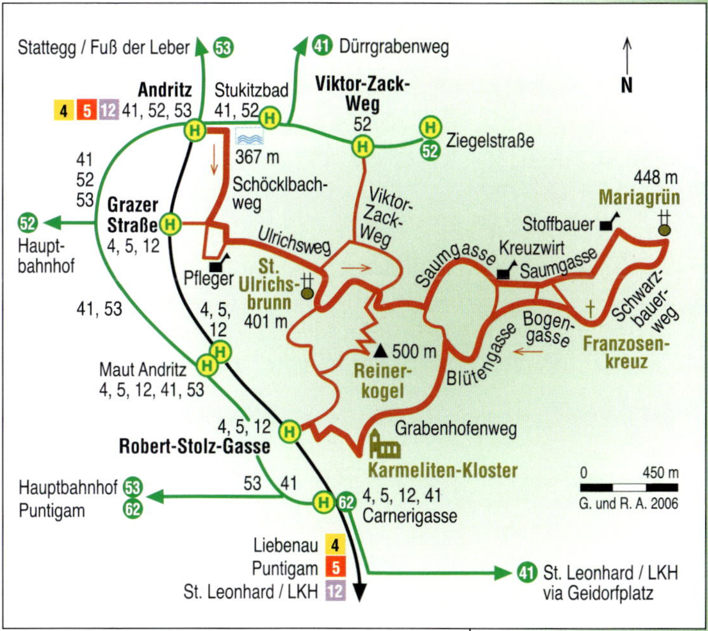

in Richtung Ferdinandshöhe und um diese nordseitig herum zum Oberen Plattenweg. Unweit davon der **Gasthof Stoffbauer.** Schräg gegenüber, bei einem A-Masten, beginnt der Stoffbauerweg; teils leiten Treppen direkt zur **Kirche Mariagrün.** Ab der Gedächtnissäule (Gedicht: „Adieu de Louis Napoleon …“) verbindet ein schmaler Fußweg zum Schwarzbauerweg; auf diesem gelangt man, leicht ansteigend, zum **Franzosenkreuz** (460 m). Man folgt kurz der Quellengasse, biegt in die Bogengasse ab und schlendert sonnseitig zur Hochsteingasse, überquert diese und setzt den Spaziergang durch die Blütengasse fort. Ab dem **Grabenhofenteich** führt der gleichnamige Weg abwärts zum **Karmeliten-Kloster.** Sodann geht man zur Tankstelle und Druckknopf-Ampel, überquert die Grabenstraße und erreicht durch die Robert-Stolz-Gasse die gleichnamige Tramhaltestelle.

Erlebnispunkte

Beschreibungen siehe auch Teil II.

St. Ulrichsbrunn; Kirche und frei zugängliche Grotte.

Mariagrün; dank Peter Roseggers öffentlichen Aufrufes blieb der Mariagrüner Wald der Allgemeinheit als Erholungsgebiet erhalten.

Ausgangspunkt

Haltestelle Andritz; Tramlinien 4, 5, 12; Buslinien 41, 52, 53

Zielpunkte

Haltestelle Robert-Stolz-Gasse; Tramlinien 4, 5, 12; Haltestelle Kettengasse (Ecke Robert-Stolz-Gasse/ Körösistraße); Buslinien 41, 53

Einkehrstätten

Gasthof Pfleger; Andritzer Reichsstraße 5

Gasthof Kreuzwirt; an der Gabelung Saumgasse 39/ Hochsteingasse

Gasthof Stoffbauer; Oberer Plattenweg 21

4 Reinerkogel – Rosenberg – Zusertal

Über die stufenreiche Jakobsleiter bergwärts, auf breiten Wegen bergab

Am Reinerkogel: Naturbelassen ...

Der Reinerkogel ist nach dem ehemaligen Grundeigentümer, dem Stift Rein, benannt. Einst gab es hier Weingärten; auf dem höchsten Punkt stand bis in die 1950er-Jahre ein gezimmerter Aussichtsturm, die Reinerkogelwarte. Der lichte Mischwaldbestand enthält große Buchen. Insgesamt ähnelt der Reinerkogel einer naturbelassenen Parklandschaft. Der Zugang durch die Robert-Stolz-Gasse führt zur

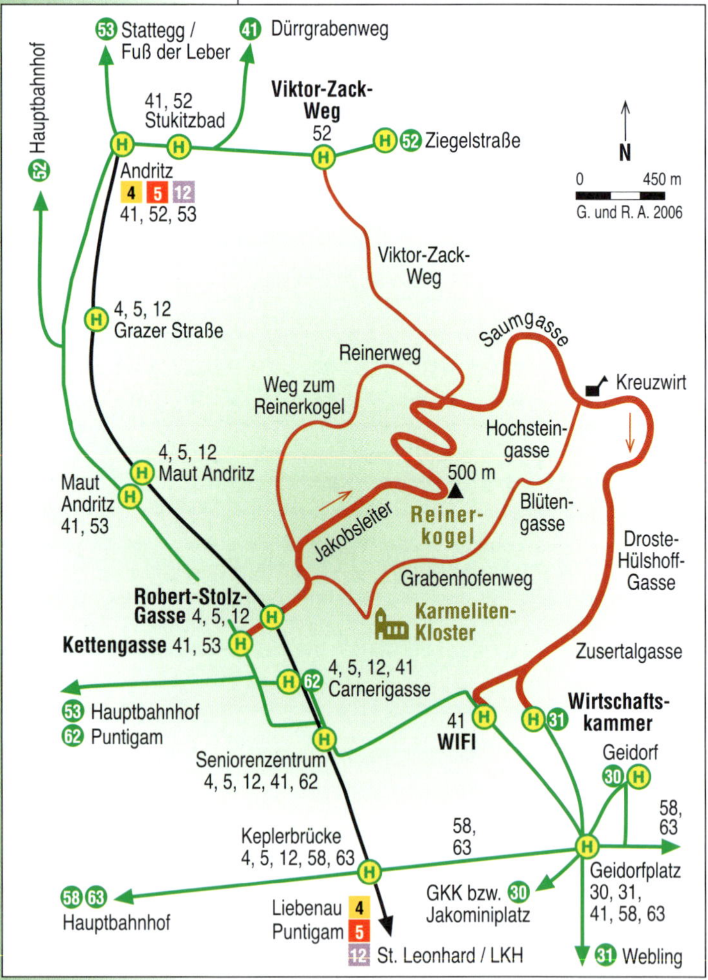

... auch im Bereich der Gipfelkuppe

Grabenstraße; diese überquert man bei der Druckknopf-Ampel und folgt sodann dem zunehmend steilen Weg zum Reinerkogel. Nach dem ersten Steilstück setzt die **Jakobsleiter** an: Mehr als 400 Stein- bzw. Betonstufen leiten bergwärts. An einigen Treppenabsätzen steht jeweils eine Rastbank.

Ab der „Gipfelkuppe" folgt man, nordostseitig, einem **Serpentinenweg;** dieser hatte für die einst hier gestandene Aussichtswarte als Versorgungsweg gedient. Dieser Serpentinenweg mündet in den Viktor-Zack-Weg ein. Im Weiteren geht man durch die **Saumgasse** zum Kreuzwirt und folgt der Saumgasse noch bis zur Abzweigung bei der **Droste-Hülshoff-Gasse;** diese beginnt als Fußweg und führt abwärts zur Bogengasse, welche man überquert. Man folgt der Droste-Hülshoff-Gasse weiter abwärts und gelangt in die Zusertalgasse.

Im **Zusertal** steht inmitten einer großen Parklandschaft das Zusertalschlössl, das bis zum Jahr 1981 dem ORF als Studio Steiermark diente.

Wo die Zusertalgasse in die Hochsteingasse einmündet, zweigt man zur Wirtschaftskammer ab und erreicht dort die Bus-Endhaltestelle. Hingegen führt die Hochsteingasse beim Wirtschaftsförderungsinstitut (WIFI) bergab zur Kreuzung an der Grabenstraße; unweit davon erreicht man die Haltestelle der Buslinie 41.

Erlebnispunkte

Jakobsleiter; die Treppe ist westseitig angelegt, hat insgesamt über 400 Stufen und leitet vom Weg am Reinerkogel in naturbelassener Art auf die mit Wald bestandene Kuppe. Die Berg- und Naturwacht von Graz pflegt in freiwilligen Arbeitseinsätzen diese Anlage.

Reinerkogel (500 m); ganzjährig gut erreichbar: Aus dem Bereich der Gabelung Viktor-Zack-Weg/Saumgasse/Grabenhofenweg führt ein breiter Serpentinenweg zum höchsten Punkt; mit Rastplatz.

Die Spazierstrecke

Gehzeit 1 Std.
Anstieg 150 Hm
Abstieg 150 Hm
Weglänge 4 km
Buggy-tauglich nur ohne die Jakobsleiter; Umgehungsstrecke: Weg zum Reinerkogel – Reinerweg – Viktor-Zack-Weg – Saumgasse.

Ausgangspunkte

Haltestelle Robert-Stolz-Gasse; Tramlinien 4, 5, 12
Haltestelle Kettengasse (Ecke Robert-Stolz-Gasse/Körösistraße); Buslinien 41, 53

Zielpunkte

Haltestelle Wirtschaftskammer; Buslinie 31
Haltestelle WIFI, Buslinie 41

Einkehrstätte

Gasthof Kreuzwirt; an der Gabelung Saumgasse 39/Hochsteingasse

5 Zusertal – Rosenberg – Mariagrün

Aus dem Geidorfviertel in das Mariatroster Tal

Die Spazierstrecke

Gehzeit 1.15 Std.
Anstieg 130 Hm
Abstieg 100 Hm
Weglänge 4 km
Buggy-tauglich gesamte Strecke.

Ausgangspunkte

Haltestelle Wirtschaftskammer; Buslinie 31
Haltestelle WIFI; Buslinie 41

Zielpunkt

Haltestelle Mariagrün; Tramlinie 1; Buslinie 58

Die Skizze enthält auch ein paar Varianten, denn die Bereiche Zusertal, Rosenhain, Rosenberg und Mariagrün lassen sich in beliebiger Weise verbinden.

Ab dem WIFI bzw. ab der Wirtschaftskammer erreicht man jeweils aus der Hochsteingasse die **Zusertalgasse.** An ihr geht man zunächst bergwärts und zweigt sodann in die **Droste-Hülshoff-Gasse** ab. Nun auf dieser, zunehmend steil, bergan zur Saumgasse, der man nur kurz folgt. An der Südseite der Ferdinandshöhe leitet die Quellengasse zum **Franzosenkreuz** (460 m). Gegenüber, auf dem Schwarzbauerweg, allmählich bergab und vorbei am Rosenschlössl. Beim Haus Nr. 25 zweigt man in spitzem Winkel ab: von der Tafel „Privatweg" auf dem Fußweg, welcher identisch ist mit dem „Peter-Rosegger-Gedächtnisweg", zur **Kirche Mariagrün** (448 m).

Unterhalb der Kirche Mariagrün beginnt waldseitig der **Einsiedlerweg:** Über eine Brücke erreicht man ein Waldstück; anschließend durchquert man, leicht abwärts gehend, sonnseitige Wiesen und ein weiteres Waldstück. Dann führt derselbe Flur-

Die Kirche Mariagrün

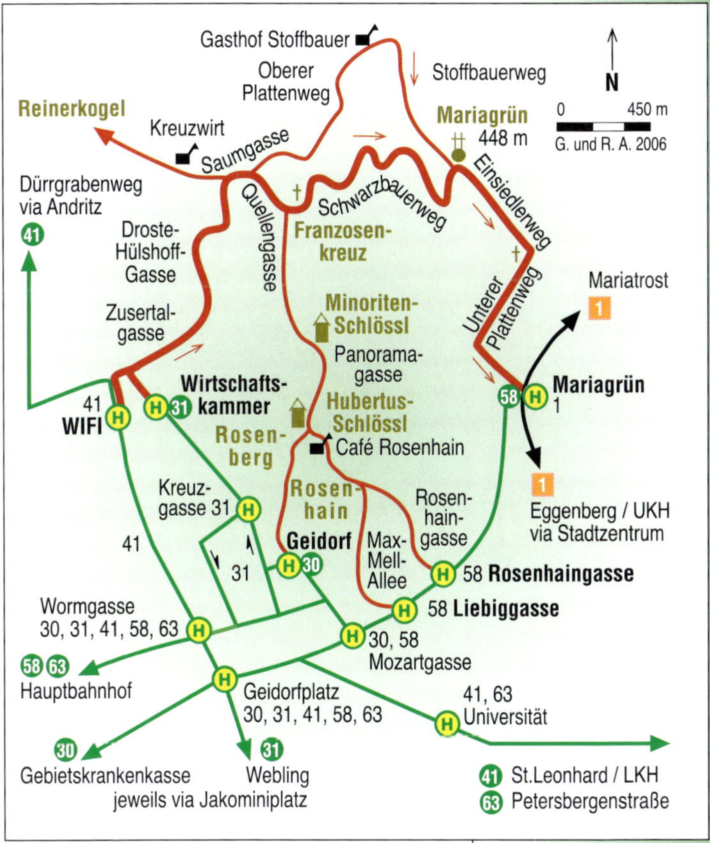

weg unterhalb eines **Gutshofes** (Schloss Kroisbach) entlang einer Baumreihe. Am Weidezaun befestigte Schilder ermahnen: „Schafe nicht füttern – Durchfallgefahr."

Ab dem Eckhaus Haignitzhofweg 14 führt der Einsiedlerweg zunächst eben weiter, sodann allmählich bergab: Bei einem Wegkreuz biegt man in den **Unteren Plattenweg** ein. Diesem folgt man stadteinwärts und erreicht durch die Mariagrüner Straße die Haltestelle Mariagrün.

Erlebnispunkte

Beschreibungen siehe auch Teil II.

Franzosenkreuz; die Inschrift „Historisches Denkmal für die hier am 26. Juni 1809 gefallenen Krieger" erinnert an die letzte Belagerung von Graz durch Napoleons Truppen.

Mariagrün; siehe auch Spaziergang Nr. 3.

Einkehrstätten

Jeweils abseits der Hauptroute:

Gasthof Stoffbauer; Oberer Plattenweg 21

Café Rosenhain; Panoramagasse 77

Gasthof Kreuzwirt; Ecke Saumgasse 39/Hochsteingasse

6 Rosenhain und Ferdinandshöhe

Die ähnlich einem Hufeisen gebogene Route bürgt für Glück auf Schritt und Tritt

Am Oberen Plattenweg ...

Die weitläufige Parklandschaft am Rosenhain liegt an einem südseitigen Hang und wird im Uhrzeigersinn umgrenzt von Rosenberggürtel, Rosenberggasse, Panoramagasse und Heinrichstraße. Gegenüber der Bushaltestelle Rosenberg betritt man durch ein großes schmiedeeisernes Tor den **Rosenhain.** Die nach Dr. med. Oktavia Aigner-Rollett benannte Allee leitet zum Rand des Universitäts-Sportplatzes und leicht bergan in das Waldgelände. Man kommt an drei **Teichen** vorbei, sodann an einer Hausruine, dem ehemaligen „Refektorium“ der Jesuiten. Außerhalb des Waldrückens erreicht man einen großzügig angelegten Kinderspielplatz; dazu gehört auch ein als „Holzweg“ gestalteter Themen- und Erlebnisweg. Die Max-Mell-Allee mündet in die

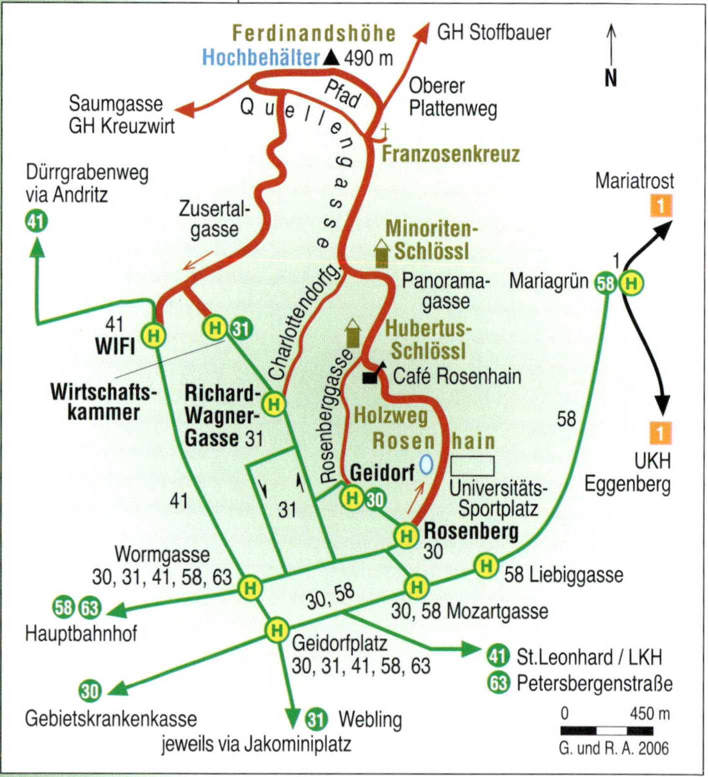

Panoramagasse. Individuell erfolgt der Zugang zum **Café Rosenhain:** Von dessen Aussichtsterrasse überblickt man große Teile des mit reichlich Grün geschmückten Stadtbezirks Geidorf.

Der Panoramagasse folgt man bergauf bis zum **Minoriten-Schlössl;** ab hier leitet die Quellengasse zum Franzosenkreuz. Die darüber liegende **Ferdinandshöhe** (490 m), eine waldbestandene Hügelkuppe, lässt sich südseitig, durch die Quellengasse, umgehen oder ebenso – empfehlenswert! – vom Oberen Plattenweg her auf einem Steig erreichen; dieser mündet an jener Seite, wo man absteigt, in die Gabelung Quellengasse/Saumgasse ein.

Aus der Quellengasse zweigt man beim Haus Nr. 57 in die **Zusertalgasse** ab. Durch diese spaziert man bergab zur Wirtschaftskammer bzw. zum Wirtschaftsförderungsinstitut (WIFI); dort erreicht man jeweils eine Bushaltestelle.

Erlebnispunkte

Beschreibungen siehe auch Teil II.

Rosenhain; frei zugängliche Parkanlage mit zahlreichen, jedoch unbezeichneten Spazierwegen; Kinderspielplatz und Café.

Hubertus-Schlössl; an der Ecke Panoramagasse/Rosenberggasse.

Minoriten-Schlössl; Quellengasse 4/Ecke Panoramagasse; rechts vom alten Eingang eine Gedenktafel: „Rosegg", erbaut in den Jahren 1596–1604.

Ferdinandshöhe (490 m)**;** Rastplatz mit Tischen und Bänken. Auf dem höchsten Punkt ein Hochbehälter für die Grazer Wasserversorgung.

... und in der Quellengasse

Die Spazierstrecke

Gehzeit 1.15 Std.
Anstieg 130 Hm
Abstieg 130 Hm
Weglänge 4 km
Buggy-tauglich gesamte Strecke.

Ausgangspunkt

Haltestelle Rosenberg; Buslinie 30

Zielpunkte

Haltestelle Wirtschaftskammer; Buslinie 31
Haltestelle WIFI; Buslinie 41

Einkehrstätte

Café Rosenhain; Panoramagasse 77; am oberen Ausgang des Rosenhains, zwischen Max-Mell-Allee und Rosenberggasse

7 Unterer und Oberer Plattenweg

Von Mariagrün zum Rosenberg und Rosenhain

Die Spazierstrecke

Gehzeit 2 Std.
Anstieg 130 Hm
Abstieg 130 Hm
Weglänge 6,5 km
Buggy-tauglich gesamte Strecke.

Die Bereiche um Platte, Mariagrün und Rosenberg sind ein überaus beliebtes Spaziergelände. Deshalb gelten beispielsweise der Obere Plattenweg, die Panoramagasse, die Quellengasse und die Schönbrunngasse an Sonn- und Feiertagen als verkehrsberuhigte Zonen.

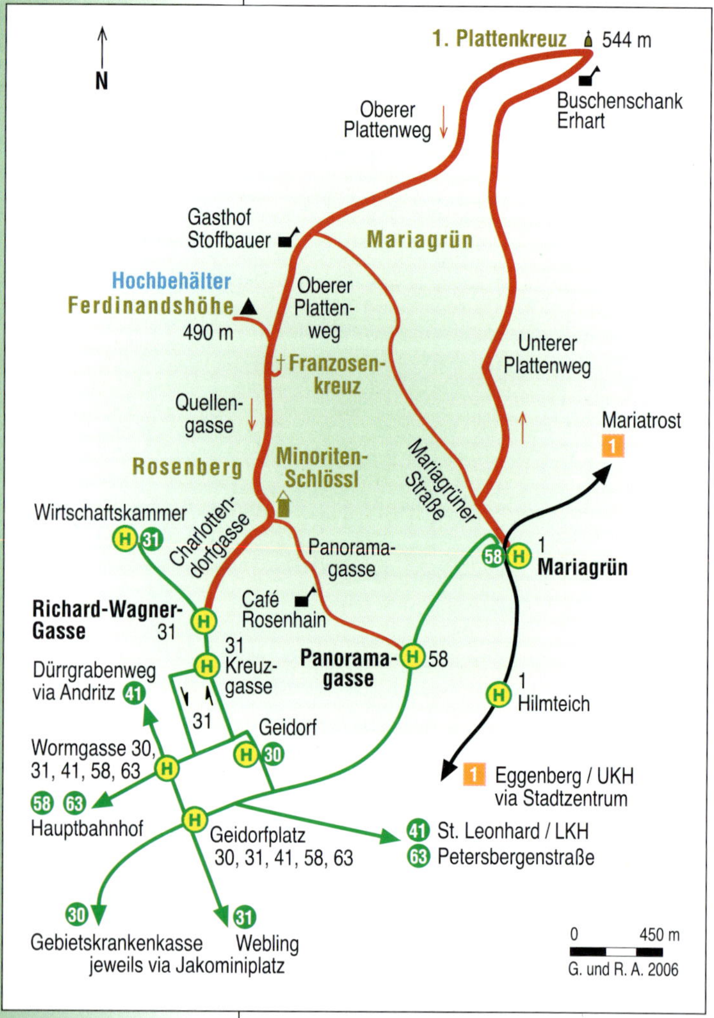

An Ort und Stelle nachzulesen: Dieses von Anastasius Grün verfasste Gedicht enthält 13 Strophen

Der Spaziergang führt zunächst zur Kreuzung Mariatroster Straße und von hier die **Mariagrüner Straße** aufwärts, beim Haus Nr. 10 zweigt der Untere Plattenweg ab. Dieser durchwegs leicht ansteigenden Straße folgt man bis zum **Ersten Plattenkreuz** (544 m): Bei diesem Bildstock münden sternförmig der Sonnleitenweg, der Plattensteig sowie der Hintere Plattenweg und der Obere Plattenweg ein.
Ab dem Ersten Plattenkreuz folgt man dem **Oberen Plattenweg** stadteinwärts, erreicht zuerst den Gasthof Stoffbauer und anschließend, nächst der Einmündung in die Quellengasse, das **Franzosenkreuz.**
Ab dieser markanten Stelle, an welcher die drei Stadtbezirke Andritz, Geidorf und Mariatrost aneinander grenzen, folgt man der **Quellengasse** südwärts. Kurz vor dem Minoriten-Schlössl biegt man in die **Charlottendorfgasse** ab. Zwischen den Häusern Nummer 46 und 34 leitet diese Gasse als naturbelassener Steig abwärts. Zuletzt wieder auf Asphalt bergab zur Körblergasse und linkshaltend zur Bushaltestelle Richard-Wagner-Gasse.

Erlebnispunkte

Beschreibungen siehe auch Teil II.
Erstes Plattenkreuz (544 m); mit dem Naherholungsraum im Umgebungsbereich der Platte.
Franzosenkreuz; Drei-Bezirke-Grenzpunkt.
Rosenberg; wertvolle Wohnlage.

Ausgangspunkt

Haltestelle Mariagrün; Tramlinie 1; Buslinie 58

Zielpunkt

Haltestelle Richard-Wagner-Gasse; Buslinie 31

Einkehrstätten

Buschenschank Erhart; Unterer Plattenweg 122; Bauernhaus von 1752, übertragen aus der Weststeiermark
Gasthof Stoffbauer; Oberer Plattenweg 21
Café Rosenhain; Panoramagasse 77

8 Andritz – Pfeifferhof – Mariagrün

Einmal mehr garantieren Sonne und Aussicht erholsame Stunden im stadtnahen Grüngürtel

Die Spazierstrecke

Gehzeit 1.45 Std.
Anstieg 110 Hm
Abstieg 110 Hm
Weglänge 6 km
Buggy-tauglich gesamte Strecke.

Ausgangspunkt

Haltestelle Andritz; Tramlinien 4, 5, 12; Buslinien 41, 52, 53

Zielpunkt

Haltestelle Mariagrün; Tramlinie 1; Buslinie 58

Einkehrstätten

Jeweils abseits der Hauptroute:
Buschenschank Erhart; Unterer Plattenweg 122; nahe des Ersten Plattenkreuzes
Gasthof Stoffbauer; Oberer Plattenweg 21

Ab der Tram-Endhaltestelle Andritz bzw. am Andritzer Hauptplatz vom Bildstock kurz in Richtung Stukitzbad, man biegt jedoch beim Schuhhaus „Am Lend“ links ab in die **Zelinkagasse** und gelangt durch diese zu einer kleinen Brücke. Man überquert die Brücke und anschließend (bei einer Druckknopf-Ampel) die Radegunder Straße. Nun folgt man dem leicht ansteigenden **Pfeifferhofweg** und erreicht die am Waldrand liegende Siedlung „Im Vogelsang“. Der asphaltierte Pfeifferhofweg und auch Fußwege in nächster Nähe leiten durch das Waldgelände bergwärts. Die Straße führt nahe an das Buddhistische Zentrum heran und schließlich zum Gehöft Möltenkarl, Hausnummer Vorderer Plattenweg 1. (Ab hier leitet der Weg 85 geradeaus weiter in Richtung Platte.) Man folgt dem eben trassierten Pfeifferhofweg und gelangt alsbald zum namengebenden **Pfeifferhof;** schließlich mündet der Pfeifferhofweg in den **Oberen Plattenweg** ein. Hält man sich rechts, so kommt man zum Haus Nr. 60, wo die Mariagrüner Straße zunächst als Fußweg südwärts bergab führt.
Oder man hält sich am Oberen Plattenweg zuerst links, also stadtauswärts, und geht bis zur Garage des Hauses Nr. 76. Ein Durchgang ermöglicht den

Im stadtnahen Grüngürtel

Zutritt zu einem Stichweg, welcher bergab führt und in den oberen Teil der Mariagrüner Straße einmündet.
In jedem Fall gelangt man zum **Ökohof.** Die Mariagrüner Straße leitet bergab zur **Kirche Mariagrün** und talauswärts zur Haltestelle Mariagrün.

Erlebnispunkte

Beschreibungen siehe auch Teil II.

Andritzer Hauptplatz; mit Bildstock. Vor der Viktor-Kaplan-Volksschule ein Gedenkstein für den steirischen Schipionier Max Kleinoscheg (1862–1940): „Gemeinsam mit dem Mürzzuschlager (Hotelier) Toni Schruf machte er die Steiermark zur Wiege des alpinen Schilaufs in Mitteleuropa."

Schule im Pfeifferhof (SIP); Privatschule „Knallerbse"; frei begehbares Grünland in erholsamer Umgebung.

Oberer Plattenweg; gemeinsam mit dem Pfeifferhofweg „einzigartig sonnen- und aussichtsreich".

Ökohof; Mariagrüner Straße 102; naturnaher Gartenbau; zu Führungen anmelden (besser bereits gegen 7 Uhr in der Früh) unter Tel. 38 17 67.

Mariagrün; mit Kirche.

Im Bereich der Kirche Mariagrün

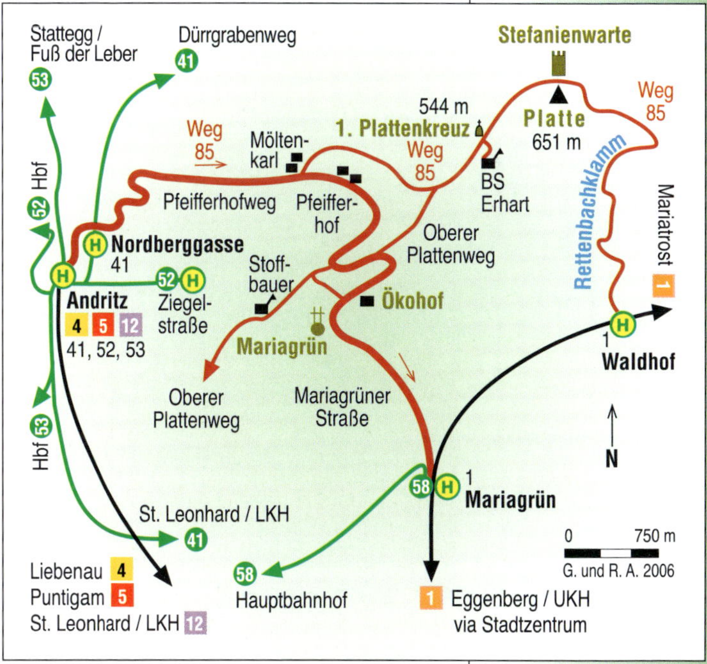

9

Andritz – Pfangberg – Platte – Zusertal

Bergauf und bergab an populären Ausflugszielen

Einst stand an der Tram-Endhaltestelle Andritz diese Orientierungstafel

Die Spazierstrecke

Gehzeit 3 Std.
Anstieg 300 Hm
Abstieg 290 Hm
Weglänge 10 km
Buggy-tauglich gesamte Strecke.

Ausgangspunkt

Haltestelle Andritz; Tramlinien 4, 5, 12; Buslinien 41, 52, 53

Zielpunkte

Haltestelle Wirtschaftskammer; Buslinie 31
Haltestelle WIFI; Buslinie 41

Der Pfangberg wie auch die Platte werden von „Luft-Hungrigen und Schau-Lustigen“ überaus geschätzt. Der aus beiden Zielen kombinierbare Spaziergang zieht im Uhrzeigersinn eine schlanke Halbrunde: vom zwölften Stadtbezirk Andritz in den dritten Bezirk Geidorf.

Wie beim Spaziergang Nummer 8 geht man zunächst in die **Zelinkagasse,** folgt anschließend dem **Ursprungweg** und damit zugleich – bachaufwärts – dem Andritzbach in Richtung Schloss Oberandritz. Noch davor biegt man in den **Rotmoosweg** ab, der zur Radegunder Straße leitet, welche man nächst der Bushaltestelle überquert. Dann steigt man, weiter dem Rotmoosweg folgend, in Richtung Pfangberg an. Man durchquert ein weitläufiges Waldgebiet, wobei der markierte Weg nordseitig um den **Pfangberg** (585 m) führt. Nach dem Durchqueren eines weiteren Waldstückes erreicht man von Norden her – beim Bauernhaus mit der Hausnummer Am Pfangberg 181 – das **Zweite Plattenkreuz.** Nun auf einem Waldweg noch ein paar Minuten ansteigend auf die Platte (651 m); auf deren Gipfelkuppe steht die **Stefanienwarte.**

Als Abstiegsroute dient der mit der Wegnummer 85 bezeichnete **Plattensteig;** dieser mündet beim **Ersten Plattenkreuz** in den Oberen Plattenweg ein. Im Weiteren spaziert man entlang des Oberen Plattenweges stadteinwärts; dabei überquert man in einem kurzen Waldstück eine flache Kuppe, gelangt zunächst zum **Gasthof Stoffbauer** und schließlich zum

Die Stefanienwarte auf der Platte

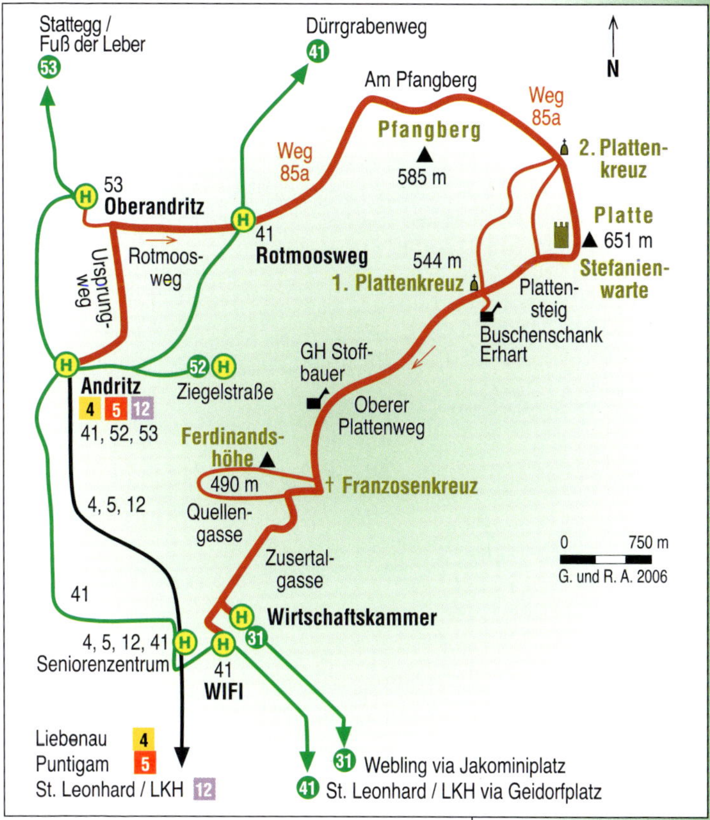

Franzosenkreuz. Hier biegt man in die Quellengasse ein, erreicht sogleich aus dem obersten Steilstück der **Zusertalgasse** die Bogengasse, aus dieser die Droste-Hülshoff-Gasse und – auf dieser bergab gehend – noch einmal die Zusertalgasse. Wo diese in die **Hochsteingasse** einmündet, geht man entweder durch die Körblergasse zur Bushaltestelle Wirtschaftskammer oder – die Hochsteingasse bergab – zur Bushaltestelle beim WIFI.

Erlebnispunkte

Beschreibungen siehe auch Teil II.

Plattenkreuze; Bildstöcke.

Stefanienwarte; dieser Aussichtsturm gehört zu den Wahrzeichen des Grazer Naherholungsraumes. Die Warte ist im Besitz der Alpenvereinssektion Graz; Besichtigungen können mit der AV-Geschäftsstelle, Sackstraße 16, vereinbart werden. Rund um die Warte liegt ein frei zugängliches Spielgelände.

Einkehrstätten

Buschenschank Erhart; Unterer Plattenweg 122; nächst dem Ersten Plattenkreuz

Gasthof Stoffbauer; Oberer Plattenweg 21

10 Platte und Plattenkreuze

Höhenluft schnuppern bei einem wortecht kinderleichten Spaziergang

Das Dritte Plattenkreuz

Bei diesem kinderleichten Spaziergang, welcher im Uhrzeigersinn um die Platte führt, schnuppert man einmal mehr in Stadtnähe ein wenig Höhenluft.
Von der Tramhaltestelle zur nahen Mariatroster Straße, welche man – im Nahbereich einer Schule – überquert. Nun die Nebenstraße **Am Josefbach** taleinwärts zum **Josefweg;** auf diesem bergan in Richtung Schloss St. Josef. Kurz vor diesem gepflegten Objekt geht man rechtshaltend (!) bergan bis auf dessen Höhe, sodann geradeaus zum Haus Josefweg 56; beim Hauseingang steht ein kleines Wegkreuz. Nun folgt man einem Wald- bzw. Flurweg bis zum ehemaligen Gehöft Stattegger, Unterer Plattenweg 68; eine Tafel trägt den Hinweis: „Durchgang bis auf Widerruf gestattet". Man erreicht sogleich den Unteren Plattenweg; auf diesem berg-

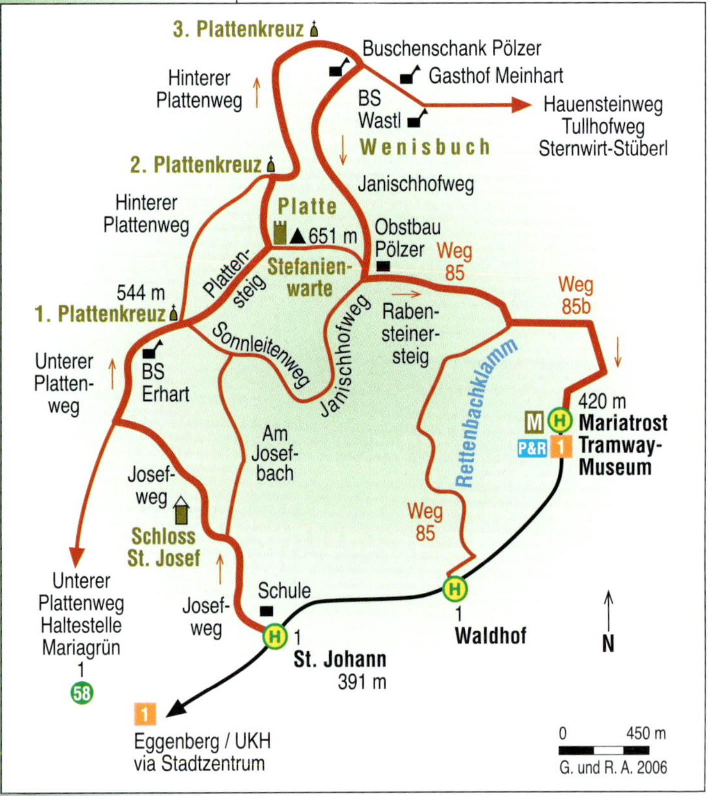

wärts zum **Buschenschank Erhart;** einen Steinwurf entfernt steht das Erste Plattenkreuz (544 m). Von diesem markanten Kreuzungspunkt leitet der **Plattensteig** bergwärts. Man steigt am Rand eines Wiesenhanges an und gelangt innerhalb weniger Minuten zur Spielwiese bei der **Stefanienwarte** auf der Platte (651 m).

Der Abstieg erfolgt zunächst nordseitig, durch Wald bergab, zum Zweiten Plattenkreuz. Anschließend folgt man dem Hinteren Plattenweg – einer Flurstraße – zum Dritten Plattenkreuz und zum Buschenschank Pölzer an der Ecke Wenisbucher Straße/Janischhofweg. An der Ostseite der Platte führt der Janischhofweg (mit Tafel „Wanderweg") zum Obstbaubetrieb Pölzer, wo man auf den Wanderweg Nummer 85 abzweigt: Der **Rabensteinersteig** leitet durch ein Gittertor und inmitten einer Obstplantage zu kleinen Teichen bergab zum oberen Eingang der Rettenbachklamm. Man folgt jedoch dem mit der Nummer 85b bezeichneten Wanderweg; dieser führt zur Wenisbucher Straße und Mariatroster Straße. Man geht kurz stadteinwärts zur Tram-Endhaltestelle Mariatrost.

Erlebnispunkte

Beschreibungen siehe auch Teil II.

Josefstal; mit Bachlauf, Familienhäusern und Freiland.

Plattenkreuze; die Umgebung dieser drei markanten Bildstöcke.

Platte; mit Spielwiese und Stefanienwarte.

Feuchtbiotope; am Rabensteinersteig und am Eingang zur Rettenbachklamm.

Von der Platte zum Plabutsch

Die Spazierstrecke

Gehzeit 2 Std.
Anstieg 300 Hm
Abstieg 290 Hm
Weglänge 7 km
Buggy-tauglich gesamte Strecke.

Ausgangspunkt

Haltestelle St. Johann; Tramlinie 1

Zielpunkt

Endhaltestelle Mariatrost; Tramlinie 1

Einkehrstätten

Buschenschank Erhart; Unterer Plattenweg 122
Buschenschank Konrad Pölzer; Wenisbucher Straße 141
Gasthof Meinhart; Wenisbucher Straße 122
Buschenschank Wastl; Wenisbucher Straße 115

11 Rettenbachklamm und rund um Wenisbuch

Auf einem romantischen Klammsteig zu prächtigen Obstplantagen

Der Obstgarten Wenisbuch ...

Waldstücke und Obstplantagen sowie Fußwege und Straßenstücke komponieren jenes Kontrastbild, von welchem sich nicht nur angestammte Ausflugsgäste angezogen fühlen. Deshalb heißt zunehmend öfter der Entschluss: „Heut' besuchen wir wieder Wenisbuch ... dort kehren wir auch zu ..."

Nächst der Tramhaltestelle weist eine Wegtafel zur Rettenbachklamm. Man erreicht zunächst die **Mariatroster Straße** und folgt dieser – stadtauswärts – bis zu einem Bildstock. Gegenüber dem Haus Nr. 150 beginnt der Steingrabenweg, der unmittelbar in die **Rettenbachklamm** leitet. Der mit der Nummer 85 bezeichnete Wanderweg führt zu dem als Rettenbachklamm bezeichneten Grabengrund. Im romantischen Waldgelände folgt man einem kleinen Gerinne aufwärts und erreicht aus dessen Quellgebiet nach kurzem Anstieg den **Rabensteinersteig.** Sobald man den Wald verlassen hat, spaziert man inmitten einer Plantage kurz bergan zum Obstbaubetrieb Pölzer. Der anschließende Janischhofweg führt an der Ostseite der Platte entlang zur Wenisbucher Straße. Gegenüber dem Buschenschank Pölzer leitet die mit **Hauersteig** bezeichnete Flurstraße bergan in Richtung Linecksattel (623 m). Gegenüber dem höchst stehenden Bauernhof (Hinweis „Frisch-Eier") zweigt man vom Hauersteig

Die Spazierstrecke

Gehzeit 2.30 Std.
Anstieg 250 Hm
Abstieg 230 Hm
Weglänge 8 km
Buggy-tauglich außerhalb der Rettenbachklamm; Umgehungsstrecke ab Mariatrost auf dem Weg 85b zum Rabensteinersteig.

Ausgangspunkt

Haltestelle Waldhof; Tramlinie 1

Zielpunkt

Endhaltestelle Mariatrost/ Tramway-Museum; Tramlinie 1

Einkehrstätten

Buschenschank Konrad Pölzer; Wenisbucher Straße 141/Ecke Janischhofweg
Gasthof Meinhart; Wenisbucher Straße 122
Buschenschank Wastl; Wenisbucher Straße 115
Sternwirt-Stüberl; Haidegger Weg 2

... ist auch im Winter ein reizvolles Ausflugsziel

rechts, über einen Lagerplatz (Holz, Siloballen), in den Wald ab. Man folgt dem Wanderweg Nummer 25 ostwärts und überquert dabei die schwach ausgeprägte Gipfelkuppe am **Hauenstein** (650 m); am höchsten Punkt Ausblick nordwärts über das Gemeindegebiet Weinitzen. Man steigt ost- bis südwärts ab. Der Wanderweg mündet beim Gehöft vulgo Leitensimmerl (Hausnummer 131) in die **Föllinger Straße** ein. Die Wege Nummer 06 und 753 leiten südwärts, sodann entlang des **Lichtensternweges** zur Mariatroster Straße; dieser folgt man ungefähr 400 Meter stadteinwärts zur Tram-Endhaltestelle in Mariatrost.

Erlebnispunkte

Beschreibungen siehe auch Teil II.

Rettenbachklamm; mit Steiganlage.

Feuchtbiotope; am Eingang in die Rettenbachklamm und am Rabensteinersteig.

Obstplantagen, Weingärten; rund um Wenisbuch.

12 Rund um die Rettenbachklamm

Entlang eines quicken Bächleins in das Mariatroster Himmelreich

Von der Tramhaltestelle Waldhof direkt zur Rettenbachklamm

Im Uhrzeigersinn legt man diese Strecke, die stets bergauf, bergab führt, zurück und erlebt währenddessen sehenswerte Kontraste: Von der lautstarken Mariatroster Straße zu den Ruhezonen an der Platten-Ostseite sind es nur wenige Schritte. Und das Himmelreich hält beständig, was dessen Name suggeriert.

Ab der Tramhaltestelle quert man zunächst durch die Rettenbacher Straße hinaus zur Mariatroster Straße und folgt dieser 200 Meter stadteinwärts, bis unmittelbar vor der Straßenkurve. Bei einem großen Bildstock setzt der **Janischhofweg** an. Man folgt ihm durchwegs steil bergan. Erst ab dem Haus Janischhofweg 55 (von wo der Sonnleitenweg geradeaus in Richtung Plattenkreuz leitet) schlängelt sich der Janischhofweg in überwiegend sonnenreicher Lage an der Platten-Ostseite entlang. Beim Haus Janischhofweg 104 bzw. unmittelbar vor dem

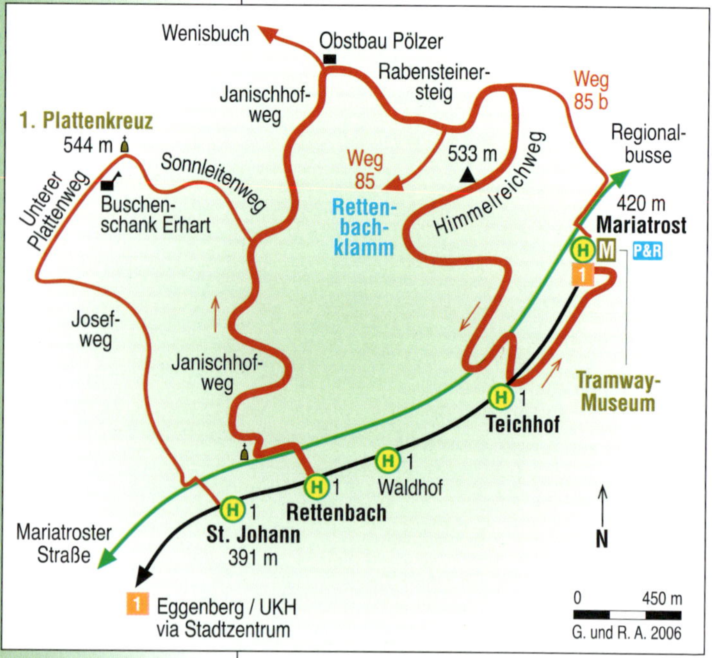

Im Talschluss von Mariatrost

Obstbau Pölzer zweigt man auf den Rabensteinersteig ab. Eine Wegtafel weist Richtung Rettenbachklamm: Durch ein Gittertor betritt man eine Obstplantage und schlendert darin abwärts, vorbei an einem Teich, zu einem Waldstück. Am oberen Eingang zur Rettenbachklamm verlässt man jedoch den Weg Nummer 85; man überquert eine kleine Brücke, hält sich bei einem Zaun bergan und erreicht sogleich, nahe dem Haus Nr. 71, den **Himmelreichweg.** Dieser Weg führt in zwei großen Schleifen bergab und mündet in die Mariatroster Straße; an ihr geht man ungefähr 150 Meter stadtauswärts, anschließend quert man auf dem **Teichhofweg** zur Tramhaltestelle Teichhof. Ungefähr parallel zur Straßenbahntrasse verläuft der **Erich-Edegger-Weg;** man folgt diesem stadtauswärts, erreicht zunächst die Haltestelle Tannhof und schließlich die am Fuße des Kirchberges liegende Tram-Endhaltestelle Mariatrost.

Erlebnispunkte

Beschreibungen siehe auch Teil II.

Himmelreich; ein sonnenreiches Siedlungsgebiet zwischen Mariatrost und der Rettenbachklamm.

Erich-Edegger-Weg; dieser nach dem Grazer Vizebürgermeister Erich Edegger (1940–1992) benannte Rad- und Fußweg – er verbindet Mariagrün mit Mariatrost – wurde am 19. Juni 1994 eröffnet.

Tramway-Museum; bei der Tram-Endhaltestelle Mariatrost.

Die Spazierstrecke

Gehzeit 1.45 Std.
Anstieg 140 Hm
Abstieg 120 Hm
Weglänge 5,5 km
Buggy-tauglich gesamte Strecke.

Ausgangspunkt

Haltestelle Rettenbach; Tramlinie 1

Zielpunkt

Endhaltestelle Mariatrost/ Tramway-Museum; Tramlinie 1

Einkehrstätten

Jeweils abseits der Hauptroute:

Buschenschank Erhart; Unterer Plattenweg 122

Buschenschank Konrad Pölzer; Wenisbucher Straße 141

Gasthof Meinhart; Wenisbucher Straße 122

Buschenschank Wastl; Wenisbucher Straße 115

13 Mariatrost – Rettenbachklamm

Kultur und Natur: Vom Tramway-Museum zu einem Klammsteig

Die Spazierstrecke

Gehzeit 1 Std.
Anstieg 100 m
Abstieg 100 m
Weglänge 3 km
Buggy-tauglich nur ohne die Rettenbachklamm; Umgehungsstrecke Rabensteinersteig – Janischhofweg – Tramhaltestelle Rettenbach.

Ausgangspunkt

Endhaltestelle Mariatrost/ Tramway-Museum; Tramlinie 1

Zielpunkt

Haltestelle Waldhof; Tramlinie 1

Einkehrstätten

Außerhalb der Hauptroute; am Kirchberg von Mariatrost

Dieser „kinderleichte“ Spaziergang führt durch das romantische Gelände der Rettenbachklamm; diese hat ihren Namen vom Rettenbach. Dessen Quellen liegen am Hauenstein. Im Raum Wenisbuch verstärken ein paar Gerinne den Rettenbach, welcher unterhalb vom Himmelreich ein enges, von Wald umstandenes Tälchen durchfließt. Spaziergänger schätzen diese klammartige Landschaft und benutzen gern den am Rettenbach entlangführenden markierten Steig. Der Weg durch die Rettenbachklamm wird von der Alpenvereinssektion Graz markiert; Mitglieder der Grazer Berg- und Naturwacht wirken an der Instandhaltung dieses kinderleicht begehbaren Klammsteiges mit.

Der Zugang beginnt an der Mariatroster Straße, der man zirka 150 Meter stadtauswärts, bis zur **Wenis-**

Die Basilika Mariatrost

bucher Straße, folgt. Die Markierung des Wanderweges Nummer 85b weist in Richtung Wenisbuch. Der Weg zweigt jedoch alsbald links in den Wald ab. Darin ansteigend, erreicht man innerhalb weniger Minuten den **Himmelreichweg.** Ab hier hält man sich entlang eines Zaunes und gelangt bei einer kleinen Brücke zum oberen Eingang der **Rettenbachklamm.** Im Weiteren folgt man dem mit der Nummer 85 bezeichneten Wanderweg; er leitet bergab in die Klamm und schlängelt sich als teils nur fußbreiter Ufersteig zum **Steingrabenweg,** welcher zur Mariatroster Straße hinführt. An dieser geht man zirka 150 Meter stadteinwärts und schwenkt sodann – nach links – in den **Waldhofweg;** dieser führt zu der nur wenige Gehminuten entfernten Tramhaltestelle Waldhof.

Naturnahes Spazieren in der Rettenbachklamm

Erlebnispunkte

Beschreibungen siehe auch Teil II.

Basilika Mariatrost; Wallfahrtskirche.

Rettenbachklamm; mit einfach begehbarem Steig, unmittelbar entlang des Bachlaufes.

Tramway-Museum; bei der Tram-Endhaltestelle Mariatrost. Mehr als 30 Oldtimer-Straßenbahnen.

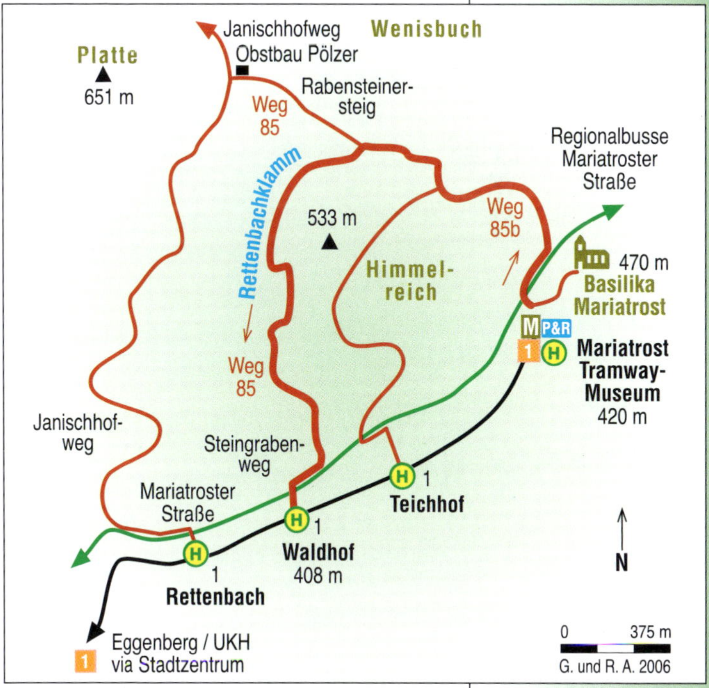

14 Stifting – Mariatrost – Hilmteich

Die treuesten Gäste am Hilmteich

Zur Basilika Mariatrost und auf dem Erich-Edegger-Weg stadteinwärts

Dieser Übergang aus dem ruhigen Stiftingtal in das belebte Mariatroster Tal führt an mehrere, in hohem Maße gegensätzliche Erlebnispunkte heran: Das sind einerseits Sakralbauten und historische Stätten, andererseits auch naturbelassene Ressourcen.

Die rund 600 Meter lange **Eckmichlstraße** ist zwar als Wanderweg gekennzeichnet, jedoch wird diese Bergstraße relativ stark befahren. Umso ruhiger ist es am **Mittergrabenweg,** denn dieser darf in einem Teilstück nur von Servitutsberechtigten befahren werden. Beide Straßen dienen als Zugang aus dem hinteren Stiftingtal zu jenem gern begangenen Hö-

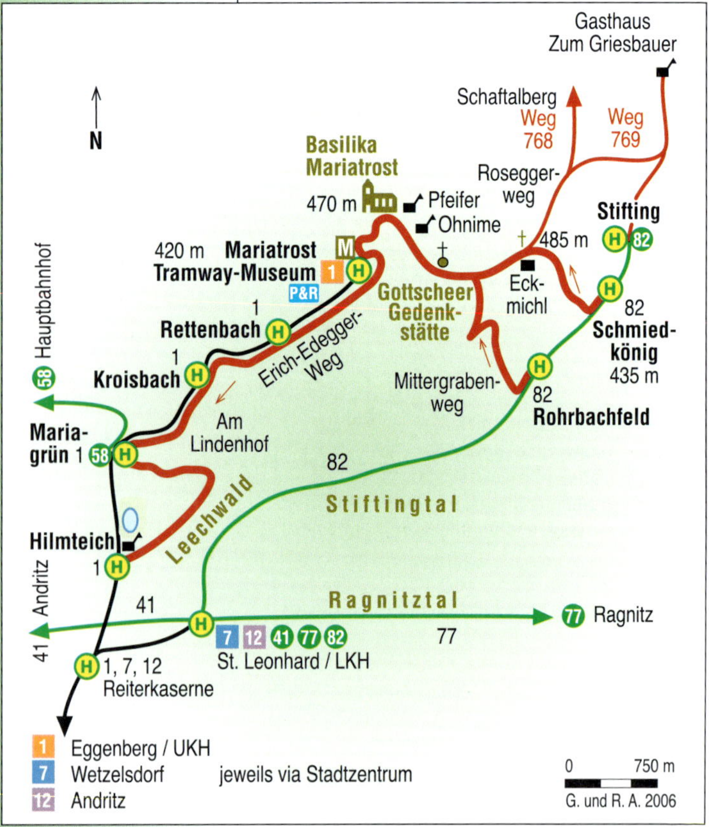

henrücken, auf welchem der **Roseggerweg** verläuft. Beim Zugang auf der Eckmichlstraße erreicht man den Roseggerweg beim Anwesen Perl vulgo Eckmichl (Hausnummer 252); schöner Ausblick in Richtung Schöckl. Schräg gegenüber vom Eckmichl steht dessen Hauskreuz bzw. das Eckmichlkreuz (485 m). Dem Roseggerweg folgt man westwärts bzw. stadteinwärts bis zu jener Kreuzung, wo der **Mittergrabenweg** und die **Gottscheer Straße** einmünden. Diese führt – nordwärts und leicht bergab – zur Gottscheer Gedenkstätte und zum Hotel Ohnime. Von hier geht man zum Hotel Kirchenwirt und zur **Basilika Mariatrost.** Von deren Haupttor steigt man die 219 Stufen der breiten Steintreppe ab und erreicht vom Fuß des Kirchbergs sogleich die Tram-Endhaltestelle Mariatrost. Ab hier führt der **Erich-Edegger-Weg** allgemein parallel zur Tramlinie Nummer eins stadteinwärts: zu den Haltestellen Tannhof, Teichhof, Waldhof, Wagnesweg, Rettenbach, St. Johann, Kroisbach und **Mariagrün,** dem Endpunkt des Erich-Edegger-Weges. Von der Haltestelle Mariagrün gelangt man folgend in den **Leechwald:** Der Zugang erfolgt aus der Stenggstraße (Hausnummer 12) auf dem Lindenhofweg, der leicht bergauf führt. Dabei hält man sich an die Zufahrtsstraße Am Lindenhof und durchquert die Siedlung. Zwischen den Häusern 36 und 45, hinter einer Garage, gelangt man in den Leechwald und erreicht bei einer Rotbuche *(fagus sylvatica)* den **Roseggerweg.** Dieser überaus beliebte Spazierweg und der Waldlehrpfad Leechwald leiten – stadteinwärts – zum nahen **Hilmteich** und zur gleichnamigen Tramhaltestelle.

Erlebnispunkte

Beschreibungen siehe auch Teil II.

Gottscheer Gedenkstätte; frei zugänglich.

Basilika Mariatrost; Wallfahrtskirche.

Tramway-Museum; an der Endhaltestelle Mariatrost.

Erich-Edegger-Weg; Rad- und Fußweg, Mariatrost – Mariagrün, 3 km.

Bachlehrpfad; im Abschnitt Teichhof – St. Johann; vier Erlebnis-Stationen mit insgesamt 14 Infotafeln und drei „Sinnes-Objekten".

Leechwald; mit Roseggerweg, Waldmeile/Fitnessmeile, Waldlehrpfad, Hilmwarte/Observatorium.

Hilmteich; Erholungsgelände, mit Teich-Rundweg und Spazierwegen am Rand des Leechwaldes.

Die Spazierstrecke

Gehzeit 2.30 Std.
Anstieg 100 Hm
Abstieg 100 Hm
Weglänge 8 km
Buggy-tauglich ist fast die gesamte Strecke; Umgehung ab der Basilika Mariatrost entlang der Kirchbergstraße zum Erich-Edegger-Weg.

Ausgangspunkte

Haltestelle Rohrbachfeld; Buslinie 82
Haltestelle Schmiedkönig; Buslinie 82

Zielpunkt

Haltestelle Hilmteich; Tramlinie 1

Einkehrstätten

Hotel-Restaurant Ohnime; Purbergstraße 56
Hotel Kirchenwirt/Pfeifer; Kirchplatz 9
Café am Hilmteich; an der Hilmteich-Promenade
Abseits der Hauptroute:
Gasthaus Zum Griesbauer; Schaftal 22. Zugang ab der Bus-Endhaltestelle Stifting 1,4 km; auf einem Gehweg entlang der Schaftalstraße

15 Roseggerweg: Mariatrost – Hilmteich

Spurensuche auf dem populärsten Grazer Spazierweg

Die Spazierstrecke

Gehzeit 1.30 Std.
Anstieg 100 Hm
Abstieg 100 Hm
Weglänge 6 km
Buggy-tauglich fast die gesamte Strecke; Umgehung der Kirchbergstiege über die Kirchbergstraße.

Der Roseggerweg wird sowohl von Spaziergängern als auch von Läuferinnen und Läufern überaus geschätzt. Herzstück ist der Leechwald, dessen Waldgelände sich vom Hilmteich über Mariatrost bis zum Schaftalberg erstreckt. Nahe dem Kreuzungspunkt Gottscheer Straße/Roseggerweg verläuft ein beliebter Fitness-Parcours, die „DSG-Waldmeile", benannt nach der Diözesan-Sport-Gemeinschaft.

Der Spaziergang beginnt mit dem 219 Stufen langen Anstieg zur **Basilika Mariatrost.** Auf dem Kirchberg wendet man sich sodann südwärts zum Kirchplatz und steigt die Gottscheer Straße zur Gedenkstätte an. Im Wald folgt man dem **Roseggerweg,** einer wahren Promenade, stadteinwärts. Die Strecke ist

bis zum Hilmteich markiert; in diesem Abschnitt sind der Wanderweg Nummer 80 und der mit der Nummer 06 bezeichnete Mariazeller Weg identisch mit dem Roseggerweg. Am Hilmteich zieht man abschließend eventuell eine Runde um den „populärsten aller Grazer Teiche“. In jedem Fall wirkt der Hilmteich als nachhaltiger Abschluss dieses Spazierganges.

Erlebnispunkte

Beschreibungen siehe auch Teil II.

Leechwald; weiträumige stadtnahe Erholungslandschaft. Hervorgegangen aus einer Stiftung der Steiermärkischen Sparkasse für die Bevölkerung der steirischen Landeshauptstadt Graz.

Hilmwarte; dient nunmehr als Uni-Wetterradar-Warte. Der 30 Meter hohe Backsteinbau wurde anno 1888 auf Initiative von Johannes Kleinoscheg errichtet, unterstützt von zahlreichen Grazer Bürgern und der Stadtgemeinde Graz.

Hilmteich; Freizeit- und Erholungsgelände, mit Spazierwegen und Waldlehrpfad Leechwald.

Ausgangspunkt

Endhaltestelle Mariatrost/ Tramway-Museum; Tramlinie 1

Zielpunkt

Haltestelle Hilmteich; Tramlinie 1

Einkehrstätten

Hotel Kirchenwirt/Pfeifer; Kirchplatz 9

Hotel-Restaurant Ohnime; Purbergstraße 56

Restaurant Roseggerhof; Roseggerweg 154

Landgasthof Häuserl im Wald; Roseggerweg 105

Café am Hilmteich; an der Promenade

Am Hilmteich

16

St. Leonhard – Hilmteich – Stiftingtal

Am Wohnhaus erinnert diese Gedenktafel an den großen Forscher Alfred Wegener

Die Spazierstrecke

Gehzeit 2.20 Std.
Anstieg 50 Hm
Abstieg 50 Hm
Weglänge 7 km
Buggy-tauglich gesamte Strecke.

Ausgangspunkt

Endhaltestelle St. Leonhard/LKH; Tramlinien 7, 12; Buslinien 41, 77, 82

Zielpunkt

Haltestelle Kollonitschstraße; Buslinie 82

Einkehrstätte

Café am Hilmteich; an der Promenade

Gassen, Straßen, Plätze – und dennoch überwiegt die Waldluft

Aus einer Lärmzone schrittweise in die Stille: Die einem Halbbogen ähnlich geformte Spazierstrecke führt aus dem geschäftig-quirligen Nahbereich des Landeskrankenhauses auf interessanten Umwegen in die erholsame Landschaft des Leechwaldes.

Von der Tram-Endhaltestelle geht man zur ostseitigen Mauer des St.-Leonhard-Friedhofs und an dieser, durch die **Pauluzzigasse,** zum Leonhardbach. Man folgt dem Wegschild **„Am Leonhardbach"** stadteinwärts und gelangt in das von Jugendstilhäusern dominierte Wohngebiet der **Wegenergasse.** Aus dem Kreuzungsbereich Ehlergasse/Pappenheimgasse gelangt man auf dem **Reiterweg** zur Leonhardstraße. An der Haltestelle **Reiterkaserne** zweigt die Tramlinie Nummer eins in Richtung Hilmteich ab: Man geht durch die Hartenaugasse zur Haltestelle **Tegetthoffplatz,** überquert die Elisabethstraße und zweigt aus der Hartenaugasse in die **Schanzelgasse** ab. Anschließend biegt man in die Leechgasse ein, danach in den Födranspergweg und erreicht schließlich auf Parkwegen die Haltestelle **Hilmteich.** Wegschilder weisen in den **Leechwald;** darin steigt man kurz bergan und folgt ab der Hilmwarte (431 m) knapp einen Kilometer dem **Roseggerweg** bzw. dem teils parallel führenden Waldlehrpfad stadtauswärts bis zu dem der heiligen Rita geweihten **Bildstock,** der neben einem großen (scheinbar ungenutzten) Tor steht. Gegenüber von Tor und Bildstock informiert eine Schautafel über die „Bedeutung des Waldes für die Menschen". Ab diesem Tor folgt man der Asphaltstraße; diese leitet zu dem in Sichtweite stehenden **Zytologischen Institut** bzw. Institut für Biomedizinische Forschung sowie zum benachbarten Institut für Verhaltensmedizin. Hinter dem stattlichen, gelb gefärbelten Gebäude leitet ein Fahrweg in ein Waldstück. Darin erreicht man alsbald einen kleinen **Rastplatz** (Tisch mit Bänken). Ab hier steigt man ab in Richtung Stiftingtal: Ein Fußweg – benannt nach Ignaz Polzer, wie erst am unteren Ende des Weges erkennbar ist

– leitet am Zaun eines **Wildgatters** entlang zum Großgrabenweg. Auf diesem bergab zur **Stiftingtalstraße;** mit wenigen Schritten stadteinwärts erreicht man die Bushaltestelle Kollonitschstraße.

Erlebnispunkte

Beschreibungen siehe auch Teil II.

St. Leonhard; mit Wohngebiet am Fuße des Ruckerlberges; Kirche St. Leonhard.

Landeskrankenhaus/LKH; Universitätsklinikum mit über 1200 Betten. Das LKH Graz zählt europaweit zu den modernsten Anlagen.

Wegenergasse; Jugendstilhäuser. An einem Wohnhaus erinnert eine Gedenktafel an Alfred Wegener (1880 in Berlin geboren, 1930 in Grönland verschollen), den Begründer der Kontinentalverschiebungstheorie.

Reiterkaserne; Wohnanlage; entstanden aus einem der ältesten Grazer Kasernengebäude.

Tegetthoff-Denkmal; im Tegetthoffpark bzw. Eckbereich Elisabethstraße/Hartenaugasse. Benannt nach Admiral Wilhelm von Tegetthoff, dem „Sieger der Seeschlacht von Lissa" (1866).

Hilmteich; mit Spazierwegen.

Hilmwarte; Uni-Wetterradar-Warte.

Bildstock; geweiht der heiligen Rita. Errichtet vermutlich im frühen 19. Jahrhundert.

Leechwald; mit Waldlehrpfad und Spazierwegen.

Die Wegenergasse zeigt viele Gesichter

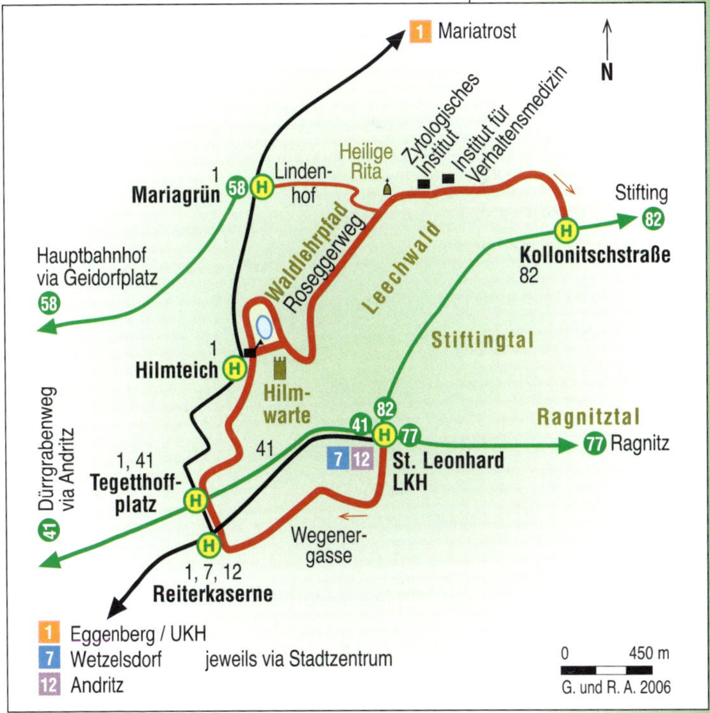

17 Ragnitz – Ries – Mariatrost

Bei dieser Drei-Täler-Wanderung entzücken auch zwei Höhenrücken

Die Spazierstrecke

Gehzeit 1.45 Std.
Anstieg 170 Hm
Abstieg 150 Hm
Weglänge 5 km
Buggy-tauglich gesamte Strecke.

Dieser Spazierweg verbindet drei Täler: Aus der Ragnitz gelangt man auf die Ries, von dieser bergab ins Stiftingtal und daraus – den Höhenrücken des Leechwaldes nordwärts überquerend – in das Mariatroster Tal. Die Orientierung ist denkbar einfach: Alle Streckenteile tragen Straßennamen, ausgenommen jenes Wegstück, welches zum Gasthaus Roseggerhof führt.

Beim Ansteigen in der **Rauchleitenstraße** zweigt man alsbald links ab und folgt der Eißlgasse bis

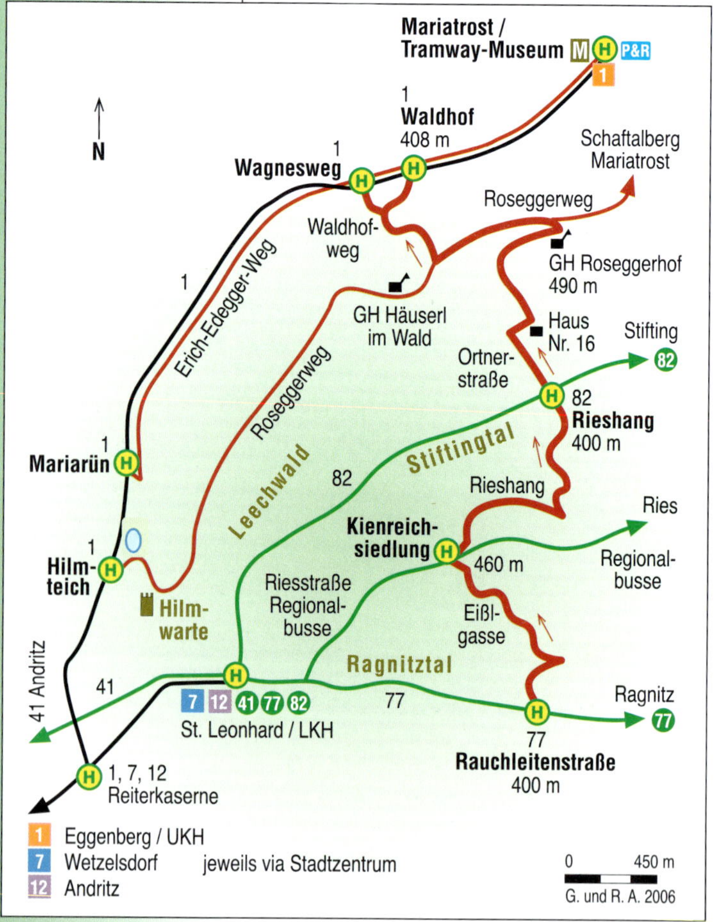

Von der Stadt schrittweise in das Land hinaus ...

zu deren Einmündung in die Riesstraße bei der Regionalbus-Haltestelle **Kienreichsiedlung.** An der Riesstraße geht man kurz stadtauswärts, bis zur Kollonitschstraße. An ihr bergab zum Weg am Rieshang; dieser leitet in das Stiftingtal: durch Wald, zu Einfamilienhäusern und durch ein Siedlungsgebiet zur Bushaltestelle **Rieshang.** Gegenüber der Bushaltestelle setzt die Ortnerstraße an. Auf ihr geht man bergwärts und zweigt nach dem Steilstück rechtshaltend ab. Gegenüber dem Haus Ortnerstraße 16 steigt man am Waldrand bzw. neben einem Elektrozaun bergan und passiert einen Durchlass. Nun weiter im Wald an einem Rücken bergan und dabei ungefähr entlang eines Drahtzaunes zu einer Anhöhe; von dieser rechtshaltend – den kleinen grünen Punkten folgend – nahe an das Haus Roseggerweg 150 heran. Unweit davon erreicht man das Gasthaus Roseggerhof.

Anschließend auf dem Roseggerweg stadteinwärts, jedoch nur bis zur Abzweigung des Waldhofweges, d. h., man zweigt noch vor dem Landgasthof Häuserl im Wald talwärts ab. Der Waldhofweg leitet bergab zur Hans-Mauracher-Straße, auf welcher man die Tramhaltestelle Waldhof erreicht. Oder man geht aus der Hans-Mauracher-Straße entlang eines Fußweges zur Tramhaltestelle Wagnesweg.

Ausgangspunkt

Haltestelle Rauchleitenstraße; Buslinie 77

Zielpunkte

Haltestelle Waldhof; Tramlinie 1

Haltestelle Wagnesweg; Tramlinie 1

Einkehrstätten

Restaurant Roseggerhof; Roseggerweg 154

Landgasthof Häuserl im Wald; Roseggerweg 105 (abseits der Hauptroute)

Erlebnispunkte

Ragnitztal; dessen Sonnseite.

Stiftingtal; das Waldstück zwischen Ortnerstraße und Roseggerhof.

Mariatroster Tal; der Leechwald mit dem Roseggerweg.

18

Stiftingtal – Rieshöhe – Ragnitztal

Die Spazierstrecke

Gehzeit 1.45 Std.
Anstieg 100 Hm
Abstieg 130 Hm
Weglänge 5,5 km
Buggy-tauglich gesamte Strecke.

Ausgangspunkt

Haltestelle Schmiedkönig; Buslinie 82

Zielpunkt

Haltestelle Landwirtschaftsschule; Buslinien 61, 77

Einkehrstätte

Buschenschank Reiter; Zugang auf der Schweinbergstraße; ab Bushaltestelle Edelweiß 1,4 km

... wie durch einen großen Garten

Leicht beschwingend: Die Weingärten am Schweinberg

Einmal mehr bietet der östliche Grazer Stadtrand eine abwechslungsreiche Wanderung, und zwar bergauf und bergab. Der Spaziergang beginnt im inneren Teil des Stiftingtales, führt durch Wald auf die Rieshöhe und von dieser südwärts: Teils durch landwirtschaftlich genutztes Gebiet – und deshalb „aussichtsreich" –, teils auf Waldwegen schlendert man um den Schweinberg und bergab in die Innere Ragnitz.

Ab der Bushaltestelle Schmiedkönig folgt man der **Stiftingtalstraße** taleinwärts – dabei unbedingt am linken Straßenrand gehen und auf den Verkehr achten! – bis zum **Haus Nr. 400** und damit bis in Höhe der Zufahrt zum Ankenhof. Gegenüber dieser Zufahrt zweigt man an der Ecke des grünen Gartenzauns bergwärts ab: Ein Ziehweg leitet in den unmittelbar angrenzenden Wald und darin bergwärts. Beim **Sturmkreuz** (530 m) erreicht man die Riesstraße; ein Gehsteig führt rund 750 Meter stadteinwärts zur Bushaltestelle **Rasthaus Edelweiß.** Nun folgt man der Edelweiß- bzw. Schweinbergstraße (da hier zwei Gemeindegebiete aneinander grenzen, ist dieselbe Straße anfangs verschieden bezeichnet). Man er-

reicht auf einer Waldkuppe das **Gölles-Kreuz,** einen blassblau gefärbelten Bildstock, und folgt jenem Schild, welches zum Buschenschank Reiter weist; bis dorthin legt man noch einen Kilometer zurück. Dabei führt die schmale, asphaltierte Straße um den **Schweinberg** (535 m) herum. Zu beiden Seiten dieser Straße liegt gepflegtes Bauernland; es gewährt weiträumigen Ausblick.

Beim **Buschenschank Reiter** endet der Asphalt; die Schweinbergstraße führt nun als Waldweg (es gilt allgemeines Fahrverbot) südwestwärts bergab. Nächst dem Einfahrtstor der Landwirtschaftlichen Fachschule Haidegg erreicht man die **Ragnitzstraße** und – nur wenige Schritte stadtauswärts gehend – die Bushaltestelle Landwirtschaftsschule.

Erlebnispunkte

Sturmkreuz; großer, frei stehender Bildstock mit der „Ries-Madonna". Errichtet vermutlich anno 1809 nach erfolgreicher Abwehr der Franzosen. Renoviert im Jahre 2000.

Gölles-Kreuz; Bildstock zwischen zwei Lärchen auf einer Kuppe der Edelweißstraße.

Schweinbergstraße; gewährt umfassenden Überblick auf das Umland von Kainbach und Ries.

19

Ragnitz – Lustbühel – Petri Au – Ruckerlberg – St. Leonhard

Diese zum Spaziergang Nummer 18 anschließende Strecke zieht viele „Lufthungrige" an

Diese Anschlussstrecke zum Spaziergang Nummer 18 enthält nicht nur mehrere Anhöhen. Vielmehr gleicht das Profil dieser Spazierstrecke – grob umrissen – einem an Ecken und Höhenunterschieden reichen „U-Häkchen": Einerseits geht man fleißig bergauf und bergab; andererseits gibt es etliche Abzweigungen. Entschärft wird die weiträumige Wanderung von einem halben Dutzend Bushaltestellen, welche ein vorzeitiges „Ausqueren" leicht ermöglichen. In jedem Fall weckt auch die Strecke dieses Spazierganges Lust auf individuelle Wege-Kombinationen.

Der **Rudolfstraße** folgt man bis knapp nach der Volksschule bergan, dann zweigt man in den Ragnitztalweg ab und folgt diesem bis zur Hausnummer 17. Nun setzt man auf dem **Sorgerweg** bergwärts fort; dieser leitet zum Schluss als schmaler Fußweg zur Waltendorfer Hauptstraße. An ihr leitet ein Gehweg stadteinwärts zur Bushaltestelle Gasthaus Lustbühel. Zum **Schloss Lustbühel** gehört auch die gleichnamige Mostschänke. Man durchquert das Schlossgelände und folgt einem breiten Flurweg zum Observatorium. Unmittelbar davor geht man rechts abwärts zur Zufahrtsstraße und auf dieser zum **Observatorium.** Bei der Luftmessstation bzw. beim Teleskop leitet ein Waldsteig bergab; man folgt diesem Steig und kommt zu einer Art „Holzpyramide". Von diesem Holzstapel leitet ein Steig zur **Hohenrainstraße:** Gegenüber dem Haus Nummer 131 informiert eine Schautafel über das „Naturschutzgebiet Lustbühel", insbesondere über den landesweit total geschützten Hundszahn, ein Liliengewächs.

Der Hohenrainstraße folgt man zur Bus-Endhaltestelle **Petri Au** und noch weiter bis zum Haus Nummer 84: Gegenüber, neben einem verrosteten Zauntürl, führt ein Steig in den Wald. Diesem Steig folgt man; er leitet insgesamt leicht bergan – zuletzt wieder nahe eines Drahtzauns – zum Sendemasten an der Straße **Neue-Welt-Höhe.** Auf dieser Straße

Die Spazierstrecke

Gehzeit 2.30–3 Std.
Anstieg 140 Hm
Abstieg 160 Hm
Weglänge 9 km
Buggy-tauglich fast die gesamte Strecke. Umgehung im Abschnitt Petri Au – Neue-Welt-Höhe über Ödhofweg – Hohenrainstraße – Bushaltestelle Toni-Schruf-Weg – Gsundhofweg.

Ausgangspunkt

Haltestelle Landwirtschaftsschule;
Buslinien 61, 77

Zielpunkt

Endhaltestelle St. Leonhard/LKH; Tramlinien 7, 12; Buslinien 41, 77, 82

Einkehrstätten

Mostschänke Lustbühel; Zugang von der Bushaltestelle Gasthaus Lustbühel
Tennisstüberl; am Ragnitzbach
Abseits der Hauptroute: **Landhaus Jöbstl;** Rudolfstraße 59. Heurigenlokal; zugleich Bushaltestelle an der Linie 61

Das Observatorium Lustbühel

bergwärts bis zum Haus Nummer 138; hier mündet die **Peterstalstraße** ein. Man folgt ihr geradeaus (!) bis zur gleichnamigen Bushaltestelle. Nun an der Waltendorfer Hauptstraße zirka 200 Meter stadteinwärts zur **Haltestelle Kaiserwirt**. Unmittelbar davor, bei der Kapelle (erbaut anno 1906), biegt man in den **Ernst-Moser-Weg** ein und folgt diesem bis zum Haus Nummer 8; ab hier leitet der Edlingerweg abwärts zur gleichnamigen Bushaltestelle. An der **Rudolfstraße** geht man stadteinwärts bis zur Bushaltestelle **Kaiserwaldweg.** Wenige Schritte weiter weist rechter Hand bzw. nordwestseitig der mit „Rosenhang" bezeichnete Weg bergab und anschließend als kurzer Flursteig zum Rad- und Fußweg am **Ragnitzbach.** Dem Bachlauf folgend stadteinwärts; zuletzt durch die Pauluzzigasse zur Endhaltestelle St. Leonhard/LKH.

Erlebnispunkte

Lustbühel; Naturschutzgebiet mit Schloss, Streichelzoo, Buchen-Naturdenkmal. Unweit vom Schloss steht das Observatorium Lustbühel.

Ruckerlberg; mit Wohngebiet und Kulturlandschaft.

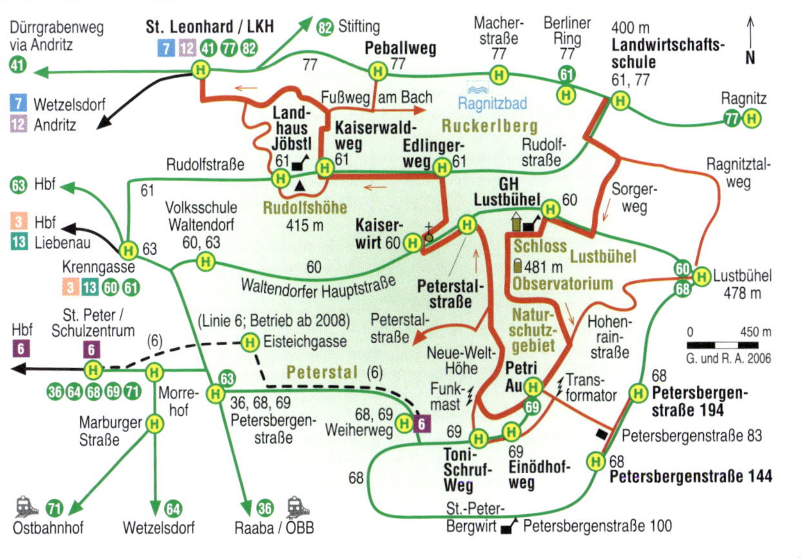

20 Messendorfberg und Petri Au

Am Eingang zum „Grazer Urwald"

Rosenduft und Riesenbäume: Auf Umwegen dem „Grazer Urwald" auf der Spur

Im Südosten der Landeshauptstadt Graz ist das Spazierwegenetz offenkundig nie besonders gefördert worden – umso wertvoller sind heutzutage die erhalten gebliebenen naturbelassenen Flächen. Einen besonders wertvollen Naturraum hat die Österreichische Naturschutzjugend mit dem frei zugänglichen „Grazer Urwald" gesichert.

An der Bushaltestelle Köglerweg überquert man bei der Druckknopf-Ampel die St.-Peter-Hauptstraße. Bergseitig setzt die schmale, asphaltierte Straße namens **Messendorfberg** an; diese leitet südseitig um den gleichnamigen Geländerücken herum. Dessen ostseitige Flächen werden teils landwirtschaftlich genutzt; mehrere Privatstraßen (Stichwege) führen zu den am Rücken des Messendorfberges stehenden Wohnhäusern. Die allgemein benutzbare Straße ist eher gering frequentiert; an Sonn- und Feiertagen ist der Autoverkehr nur eingeschränkt zugelassen.

Beim Haus Messendorfberg 65 erreicht man **Giovanni's garden,** einen vielseitig gestalteten „Rosen- und Frühlingsgarten". Unweit davon, gegenüber dem Haus Messendorfberg 44 (Gehöft vulgo Simonjackl; erbaut 1852, renoviert 1997) weist eine Tafel auf eine „Öko-Insel" bzw. auf den **„Grazer Urwald"** hin; dessen frei zugängliches Hanggelände reicht ostseitig abwärts und man gelangt bis in einen von zwei, drei Gerinnen durchzogenen Graben.

Nach einem mehr oder weniger langen Rundgang durch den „Grazer Urwald" setzt man entlang der Straße den Spaziergang fort. Vor dem Haus Messendorfberg 57 steht das klassische Wahrzeichen dieses Spaziergebietes: ein **Mammutbaum.**

Im oberen Teil des Messendorfberges mündet die gleichnamige Straße in die Petersbergenstraße ein; die Bushaltestelle heißt ebenfalls Messendorfberg. Unweit davon erreicht man das **Restaurant St.-Peter-Bergwirt.** Der Petersbergenstraße folgt man stadtauswärts bis zur Haltestelle Petersbergenstraße 144. Kurz danach, beim Haus **Petersbergenstraße 83,** zweigt man links ab: Ein schmaler Durchgang ermöglicht den Abstieg; dieser

Die Spazierstrecke

Gehzeit 1.30–2 Std.
Anstieg 140 Hm
Abstieg 90 Hm
Weglänge 5 km
Buggy-tauglich gesamte Strecke, ausgenommen im Bereich „Grazer Urwald"; nur Fußwege.

Ausgangspunkt

Haltestelle Köglerweg; Buslinie 36

Zielpunkt

Endhaltestelle Petri Au; Buslinie 69

Einkehrstätte

Gasthof St.-Peter-Bergwirt; Petersbergenstraße 100

führt entlang eines Zaunes – vorbei an einer Wiese und einem Waldstück – talwärts und mündet bei einer **Trafostation** in die Einödhofstraße. Geradeaus erreicht man direkt die nahe Bus-Endhaltestelle Petri Au.

Erlebnispunkte

Giovanni's garden; Schwerpunkt historische Rosen; ergänzt mit Keltischem Baumkreis, Wassergarten, Meditationsgarten u. v. m.

Öko-Insel „Grazer Urwald"; Privatbesitz; bis auf Widerruf frei zugänglich.

Mammutbaum; *sequoia gigantea;* gesetzt anno 1904.

In der Talsenke zwischen Messendorfberg und Pachernweg

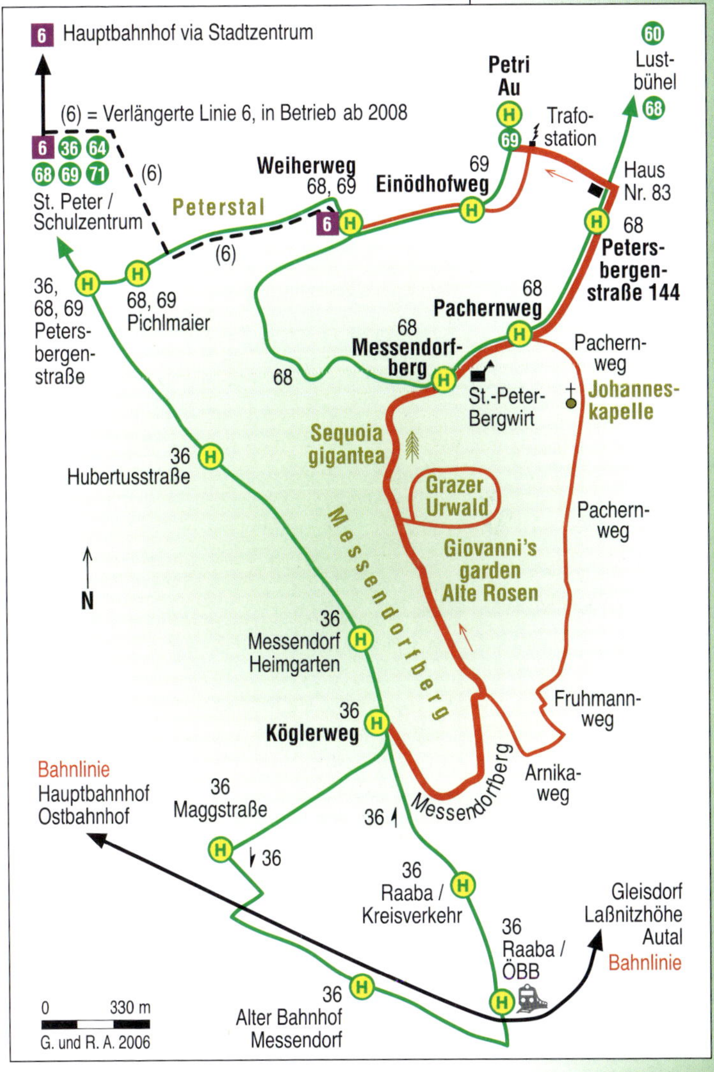

21 Reintal – Petersbergen – Lustbühel – Ragnitztal

Die Johanneskapelle am Pachernweg

Im Nahbereich des Schlosses Reintal sonnseitig bergab und bergan

Insgesamt erlebt man einen lohnenden „grenzüberschreitenden Spaziergang“: An der Petersbergenstraße verläuft zwischen den Bushaltestellen Pachernweg und Lustbühel ein Abschnitt der südöstlichen Stadtgrenze. So gehört das Gelände um das Schloss Reintal zur Gemeinde Hart bei Graz. Hingegen ist man auf der Petersbergenstraße und dem Ragnitztalweg wieder innerhalb der Stadtgrenzen unterwegs.

Der nach dem steirischen Dichter Paul Anton Keller benannte Weg führt bergab zum **Schloss Reintal.** Gegenüber dem Schloss hält man sich leicht links und folgt einem Wiesenweg abwärts zu einer kleinen Brücke. Hier spaziert man links eines Bächleins kurz talauswärts. Ein Feldweg leitet allmählich in einer Schleife links, durch ein Waldstück leicht bergan, zur **Reintalstraße** beim Haus Nummer 51.

Beim Haus Nummer 55 zweigt man von der Reintalstraße links ab, folgt erneut einem Flurweg durch Wald und gelangt zu einem verfallenen **Bauernhaus** inmitten einer Wiese. Vom nördlichen Rand dieser Wiese leitet ein deutlich ausgeprägter Flurweg links in den Wald und – leicht ansteigend – zur Bushaltestelle **Petersbergenstraße 144.**

Im Weiteren spaziert man die Petersbergenstraße in Richtung Norden – zugleich entlang eines weiträumig Aussicht gewährenden Höhenrückens – bis zur Bus-Endhaltestelle Lustbühel. Unweit davon, jedoch jenseits der Stadtgrenze, steht die **Rupertikirche.**

Nächst der Bus-Endhaltestelle Lustbühel zweigt man aus der Waltendorfer Hauptstraße nordseitig ab in den **Ragnitztalweg;** dieser leitet bergab: Zunächst durch ein Waldstück und anschließend durch ein Wohngebiet zur **Rudolfstraße.** Man erreicht die Ragnitzbachbrücke und unweit davon die Bushaltestelle Landwirtschaftsschule.

Die Spazierstrecke

Gehzeit 2 Std.
Anstieg 100 Hm
Abstieg 180 Hm
Weglänge 6,5 km
Buggy-tauglich gesamte Strecke.

Ausgangspunkt

Haltestelle Schloss Reintal; Buslinie 68

Zielpunkt

Haltestelle Landwirtschaftsschule; Buslinien 61, 77

Erlebnispunkte

Beschreibungen siehe auch Teil II.

Wohnhaus von Paul Anton Keller; an der Bushaltestelle Schloss Reintal. Inschrift am Wohnhaus: „Die letzte Stätte seines Wirkens als Dichter." Paul Anton Keller lebte von 1907 bis 1976.

Schloss Reintal; ehemaliger Wirtschaftshof, im 16. Jh. zu einem Edelsitz, im 18. Jh. zu einem Schloss ausgebaut, im 19. Jh. grundlegend verändert. Im Jahre 1967 von der Stadtgemeinde Graz erworben. Das große Freilandareal mit Grünflächen und Waldflächen hat einen hohen Erholungswert.

Petersbergen; Hügellandschaft an der südöstlichen Stadtgrenze. Wertvoller Naherholungsraum.

Einkehrstätten

Gasthof Hirschenwirt; Hart bei Graz, Rupertistraße 115 (nächst der Bus-Endhaltestelle Lustbühel)

Jeweils abseits der Hauptroute:

Gasthof St.-Peter-Bergwirt; Petersbergenstraße 100

Mostschänke Lustbühel; beim Schloss Lustbühel

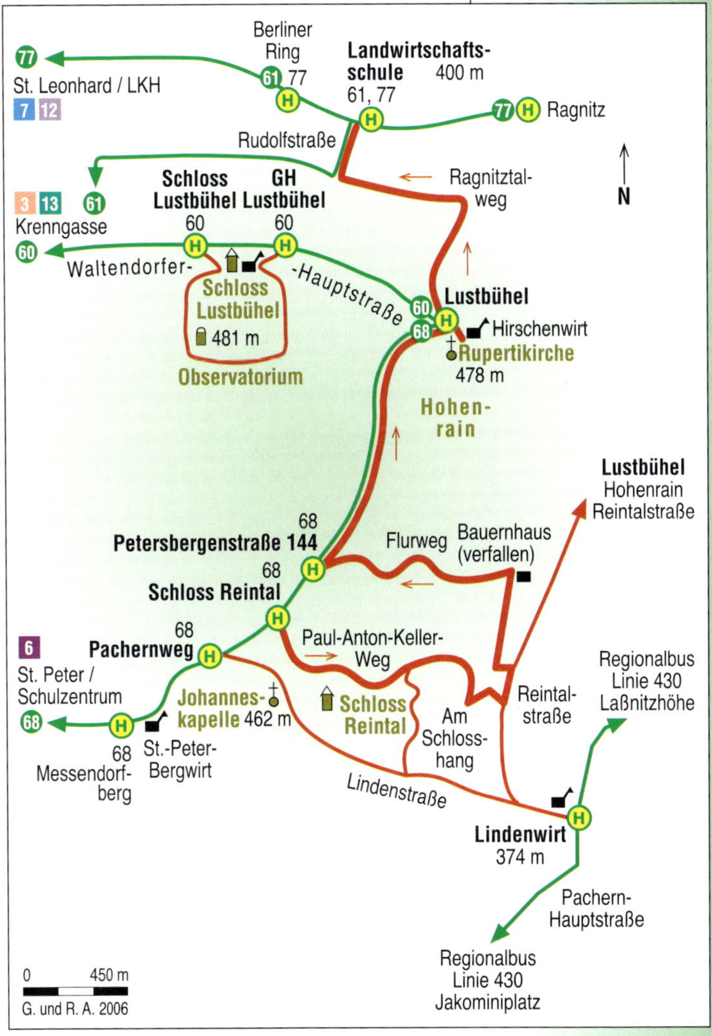

22 Mariatrost – Schaftalberg – Faßlberg

Auf dem sonnenreichen Schaftalberg-Höhenrücken zu weiten Panoramen

Die von Mariatrost zum Alten Faßl führende Strecke wird gern begangen. Dieser mit der Wegnummer 768 markierte Teil des Roseggerweges führt entlang des Schaftalberg-Höhenrückens. Allerdings herrscht bis zum Eckmichlweg mitunter reger Pkw-Verkehr

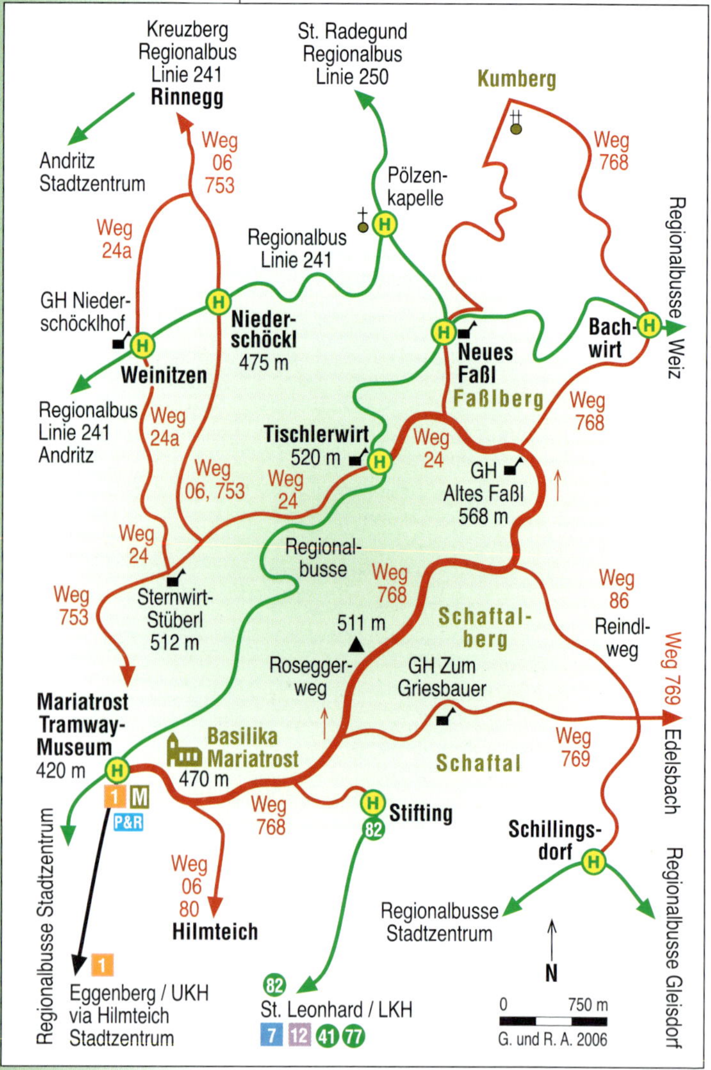

wie bei ähnlich frequentierten Straßen, die einerseits dem lokalen Verkehr dienen, andererseits als traditionelle Wanderstrecken geschätzt werden.
Der Spaziergang beginnt an der Tram-Endhaltestelle Mariatrost und kann gleich zu Beginn variiert werden: Entweder man steigt die 219 Stufen zur **Basilika Mariatrost** hinauf oder man folgt der Straße am Kirchberg. In jedem Fall erreicht man die **Gottscheer Gedenkstätte** und folgt anschließend dem östlichen Teil des **Roseggerweges:** Dieser führt stadtauswärts, vorbei am Eckmichlkreuz und dem stattlichen Gehöft Perl vulgo Eckmichl. Der von hier zum Schöckl reichende Ausblick ist ein erstes Zuckerl. An der Abzweigung der Eckmichlstraße beginnt entspannendes Spazieren: Man folgt nun dem nordostwärts ziehenden **Schaftalberg-Höhenrücken** und schlendert zunächst gut einen Kilometer entlang der Stadtgrenze. Auch außerhalb der Stadtgrenze folgt man der Wegnummer 768; diese leitet direkt an den **Gasthof Altes Faßl** heran. Ab dem Gasthaus leitet nun jedoch der Wanderweg Nummer 24 entlang von Nebenstraßen zum rund zwei Kilometer entfernten Gasthaus Tischlerwirt und zur gleichnamigen Regionalbus-Haltestelle.

Erlebnispunkte

Beschreibungen siehe auch Teil II.
Basilika Mariatrost; bedeutende Wallfahrtskirche.
Gottscheer Gedenkstätte; frei zugänglich.
Schaftalberg; mit Höhenrücken und Roseggerweg bis zum Alten Faßl; Panoramablicke auch zum Schöckl.

Die Gottscheer Gedenkstätte

Die Spazierstrecke

Gehzeit 2 Std.
Anstieg 150 Hm
Abstieg 50 Hm
Weglänge 8 km
Buggy-tauglich gesamte Strecke.

Ausgangspunkt

Endhaltestelle Mariatrost/Tramway-Museum; Tramlinie 1

Zielpunkt

Haltestelle Tischlerwirt; Regionalbus Linie 200, 201, 250 u. a.

Einkehrstätten

Hotel Kirchenwirt/Pfeifer; Mariatrost, Kirchplatz 9
Hotel Ohnime; Mariatrost, Purbergstraße 56
Gasthof Altes Faßl; Faßlstraße 24
Gasthaus Tischlerwirt; Weinitzen, Weizer Straße 48

23

Wenisbuch – Lineckberg – Weinitzen

Aus dem Mariatroster Tal bergauf und bergab zum Hexenkessel

Vom Alpenverein Graz rundum gut beschildert

Die Spazierstrecke

Gehzeit 2.30 Std.
Anstieg 280 Hm
Abstieg 266 Hm
Weglänge 8,5 km
Buggy-tauglich bis zum Linecksattel.

Ausgangspunkt

Endhaltestelle Mariatrost/Tramway-Museum; Tramlinie 1

Zielpunkt

Haltestelle Bachwirt; Regionalbus Linie 241

Einkehrstätten

Buschenschank Wastl; Wenisbucher Straße 115
Gasthof Meinhart; Wenisbucher Straße 122
Buschenschank Konrad Pölzer; Wenisbucher Straße 141
Café Hexenkessel; Rinnegger Straße 28

Dieser Spaziergang führt wiederum über den Stadtrand hinaus: Dieses Mal über den 700 Meter hohen Lineckberg in die angrenzende, zur Kleinregion „Schöcklland“ gehörende Gemeinde Weinitzen.

Ab der Tram-Endhaltestelle spaziert man – dem Wanderweg Nummer 85b folgend – zunächst zur Mariatroster Straße und folgt dieser rund 150 Meter stadtauswärts. Sodann biegt man in die **Wenisbucher Straße** ein und gelangt zum oberen Eingang der Rettenbachklamm. Auf dem **Rabensteinersteig** erreicht man beim Obsthof Pölzer den Janischhofweg, jene als Wanderweg ausgewiesene Flurstraße, welche in Richtung Wenisbuch zum Buschenschank Pölzer leitet. Auf der Wenisbucher Straße geht man wenige Schritte in Richtung Drittes Plattenkreuz; noch davor zweigt bergwärts der **Linecker Weg** ab; ebenso weist die Wegnummer 25a bergauf: Der asphaltierte Linecker Weg zieht zunehmend steil bergan. Zwischen den Wohnhäusern Nummer 50 und 54 steht ein mächtiger, Naturdenkmal-würdiger Kastanienbaum. Im breiten **Lineckssattel** (623 m) erreicht man bei einer „Koniferen-Insel“ den mit der Nummer 25 bezeichneten Wanderweg; in diesen biegt man linkshaltend ein und steigt folglich in nordwestlicher Richtung zum **Lineckberg** (700 m) an. Dieser nordöstliche Stadtrandberg ist rundum mit Wald bedeckt. Von der Gipfelkuppe zieht die Stadtgrenze nordseitig ein wenig abwärts. So steigt man auf Grazer Boden den westseitigen Bergrücken in Richtung **Dürrgraben** und **Annengraben** (auch Annagraben genannt) ab. Bei den Wohnhäusern am Waldrand des Dürrgrabens hält man sich wiederum nordwärts, überquert daher die **Stadtgrenze** und spaziert – nun im Gemeindegebiet von Weinitzen, an der Nordwestseite des Lineckberges allmählich bergab gehend – oberhalb des Annengrabens taleinwärts. Den Talboden erreicht man beim **Café Hexenkessel,** und gegenüber befindet sich die Bushaltestelle Bachwirt.

Erlebnispunkte

Rabensteinersteig; mit Feuchtbiotop und Obstplantagen.

Wenisbuch; mit Obstplantagen, Weingärten, Einkehrstätten; Spazierwege in Richtung Hauenstein, Lineck und Platte.

Linecksattel; Aussichtsplatz an der Stadtgrenze.

Lineckberg; Grenzpunkt der Gemeinden Graz und Weinitzen. Auf der Gipfelkuppe ein Gedenkstein für „Franz Friehs, 23. 3. 1919–18. 2. 1937".

Hexenkessel; großer Kinderspielplatz der Gemeinde Weinitzen.

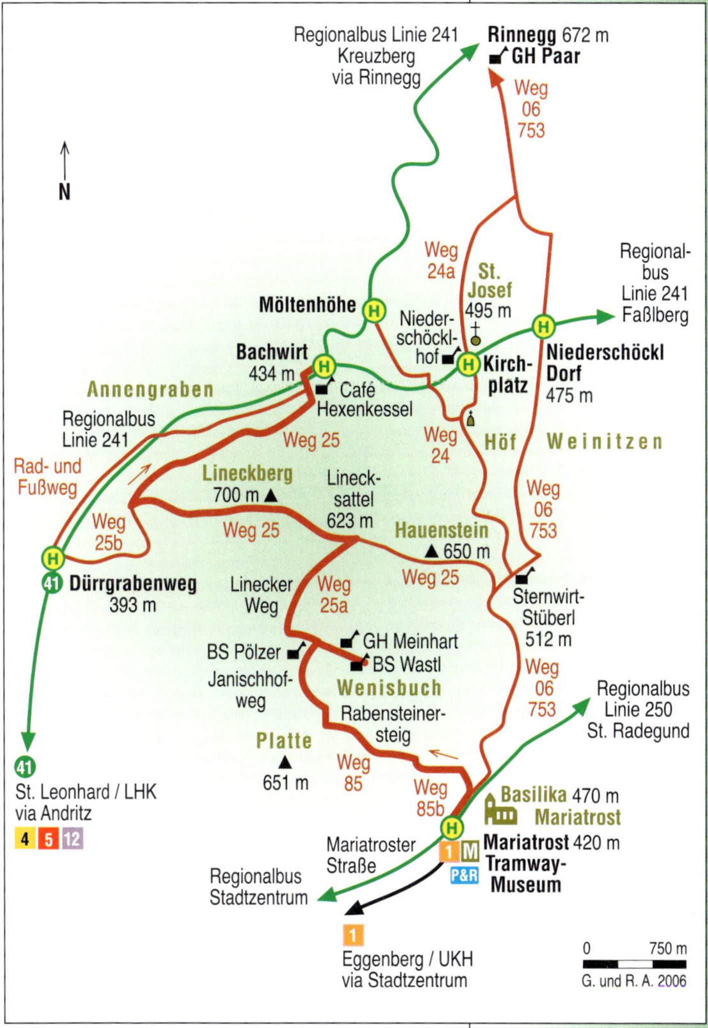

24 St. Radegund und Schöckl

Der Grazer Hausberg hat ganzjährig Saison

Die Spazierstrecke

Gehzeiten ab St. Radegund Talstation 1.45 Std., ab Kreuzberg 2.30 Std.
Anstieg bis zu 760 Hm
Abstieg bis zu 760 Hm
Weglänge ab St. Radegund Ortsmitte 6 km, ab Kreuzberg 8 km
Buggy-tauglich sind die auf den Schöckl führende ehemalige Mautstraße sowie das Schöckl-Plateau.
„Schöckel-Seilbahn"; Gondelbahn; Bushaltestelle und Parkdeck an der Talstation in St. Radegund.

Von der Fürwallnerhöhe nach St. Radegund

Der 1445 Meter hohe Schöckl ist das alpine Herzstück im Grazer Naherholungsraum: Ein weiträumiges, auf vielen markierten Wegen durchwegs einfach begehbares Wandergelände zeichnet den „Grazer Hausberg Erster Klasse" aus. Der das Schöckl-Plateau umgebende Rundwanderweg bietet einen wahren Höhenspaziergang. In Kombination mit der neuen „Schöckel-Seilbahn" erreicht man in komfortabler Weise den Grazer Hausberg. Oder man gondelt lieber talwärts, beispielsweise um dem „steinreichen" Stubenbergweg grundsätzlich auszuweichen.

Wie aus der Skizze ersichtlich, ermöglicht schon ein derart kleiner Kartenausschnitt etliche Wege-Kombinationen am Schöckl; zwei Routen ragen daraus hervor:

Am häufigsten begangen wird der mit der Wegnummer 21 bezeichnete **Stubenbergweg;** diese klassische Anstiegsroute leitet aus St. Radegund ab der Seilbahn-Talstation durch ein Waldstück (Wasser-

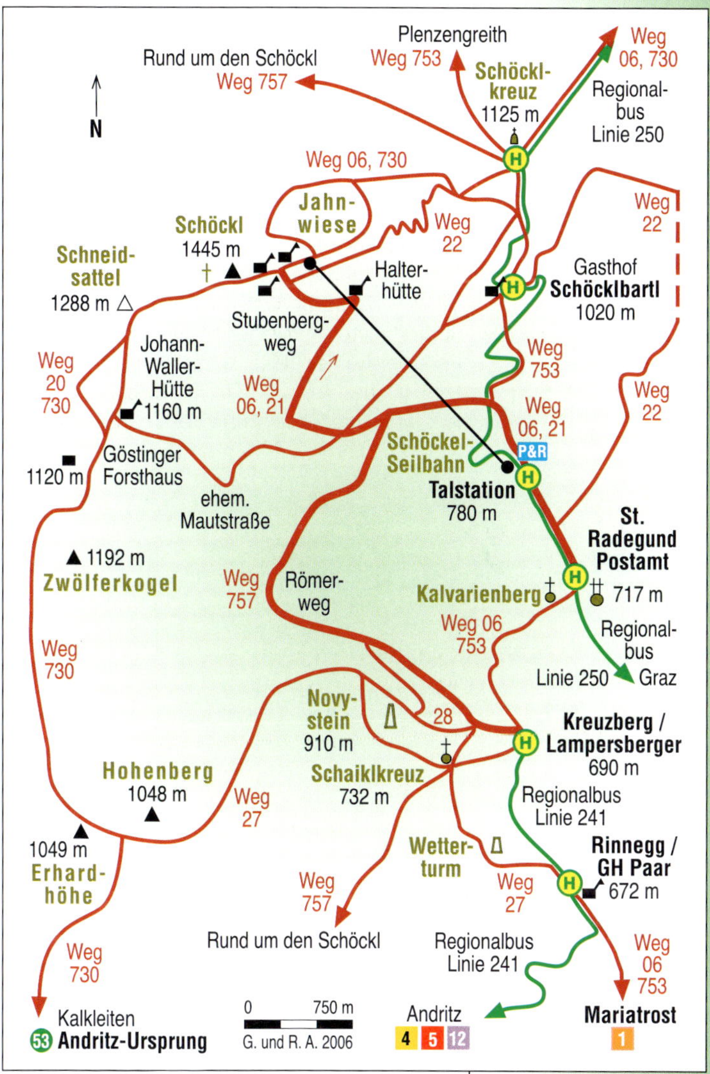

schutzgebiet) nach **Höf.** Alsbald zweigt man linkshaltend ab, unterquert die Seilbahn und erreicht nach einem weiteren Waldstück den Wiesengrund beim ehemaligen Gehöft **Schöcklbauer.** Der nächste Anstieg ist zunehmend steinig und führt an die **Schöcklstraße** (ehemals Mautstraße) heran, welche man überquert. Der anschließende Wegabschnitt führt durch Bergwald und durch den mit **Schöneben** bezeichneten Schlag. Erst bei der Halterhütte erreicht man baumfreies Gelände. Ab der

Ausgangspunkte

Haltestelle St. Radegund Postamt; Regionalbus Linie 250
Endhaltestelle Kreuzberg/Lampersberger; Regionalbus Linie 241

Zielpunkt

Bergstation der Schöckel-Seilbahn

Einkehrstätten

Auf dem Schöckl:
Alpengasthof Kreiner
Stubenberghaus; im Eigentum des Alpenvereins
Gasthaus Bergstation
Gasthaus Halterhütte
Abseits der Hauptroute:
Gasthaus Paar; Bushaltestelle in Rinnegg
Gasthof Schöcklbartl; Bushaltestelle
Johann-Waller-Hütte; Selbstversorgerhütte, an Wochenenden einfach bewirtschaftet; mit Spielwiese; im Eigentum der Naturfreunde

Halterhütte fächern sich die weiteren Wege auf: in Richtung Ostgipfel, Bergstation, Stubenberghaus, Sender und Gipfelkreuz – die Auswahl an Wegen und Steigen rund um das Schöckl-Plateau ist groß.

***

Ein zweiter, jedoch längerer Anstieg auf den Schöckl beginnt in **Kreuzberg.** Der Wanderweg Nummer 28 leitet am Waldrand bergan zum Gehöft Fürwallner. Ab hier geht man auf dem **Römerweg** bzw. an der ebenen, asphaltierten Ehrenfelsstraße in Richtung Schöckl; dabei überquert man den **Klammgraben.** Nächst dem Gehöft Stoffbauer (Urlaub am Bauernhof) leitet der Wanderweg Nummer 757 („Rund um den Schöckl") durch Wald zum ehemaligen Gehöft Schöcklbauer. Ab hier folgt man dem **Stubenbergweg** bzw. der Wegnummer 21 auf den Schöckl.

Erlebnispunkte

Beschreibungen siehe auch Teil II.

St. Radegund; Kurort, mit Freizeitpark, zahlreichen ortsnahen Spazierwegen, Kalvarienberg (erbaut um 1768).

Novystein; 20 m hoher Obelisk, errichtet 1883 für „den Wohlthäter und großen Meister der Wasserheilmethode, Doctor Gustav Novy, von dankbaren Curgästen". Zugang ab der Bus-Endhaltestelle Kreuzberg über Gehöft Fürwallner oder Schaiklkreuz, 35 bzw. 40 Minuten.

Schöckl; mit 360-Grad-Panorama, Plateau-Rundwanderweg. Ab der im Jahre 1951 erfolgten Inbetriebnahme der Seilbahn stieg der Freizeitwert am Schöckl enorm an: Auf dem im Grazer Naherholungsraum populärsten alpinen Hausberg herrscht ganzjährig Saison.

„Hexen-Express"; Allwetter-Rodelbahn auf dem Schöckl; Rundstrecke mit Aufzug; Einstieg und Ausstieg gegenüber der Seilbahn-Bergstation.

Stubenbergweg; dessen Trasse ist uralt und identisch mit dem bis zum Jahre 1951 dem Stubenberghaus dienenden Versorgungsweg. Maultiere waren als Tragtiere eingesetzt; deren Stall stand unterhalb der Stubenberghaus-Terrasse. Infolge exogener Kräfte (wie Starkregen und starke Benutzerfrequenzen) erodiert der Steig an immer mehr Stellen bis auf den blanken Felsgrund.

Schöcklstraße; die durchgehend asphaltierte ehemalige Mautstraße ist faktisch frei von Autoverkehr und wird ganzjährig als Fußweg geschätzt.

Zösenberg – Hohenberg – Kalkleiten – Buch

25

Von Andritz-Ursprung recht eigenwillig nach Stattegg

Die Naherholungsräume um Zösenberg, Hohenberg und Kalkleiten liegen sonnseitig und werden infolgedessen faktisch ganzjährig gern aufgesucht. Hinzu kommt ein weiteres anziehendes Faktum: Die in Richtung Schöckl führenden Wanderwege lassen sich in beliebiger Weise und Länge kombinieren. Am Zösenberg sowie in den Bereichen Hohenberg und Kalkleiten sind die Wanderwege zwar abschnittsweise identisch mit Gemeindestraßen, jedoch zeigt sich die Mehrzahl der Lenker gegenüber Spaziergängern ausgesprochen rücksichtsvoll.
An der Bushaltestelle **Andritz-Ursprung,** beim ehemaligen Ursprungwirt, weist an der Hausecke eine Wegtafel mit der Nummer 730 nach Kalkleiten. Dabei folgt man zunächst dem **Mühlenweg.** An der ersten Gabelung liegt ein Rastplatz mit einem Wegkreuz unterhalb einer Linde. Links beginnt der weiterführende **Weinbergweg;** an einem blauen

Die Spazierstrecke

Gehzeit 3.30 Std.
Anstieg 300 Hm
Abstieg 270 Hm
Weglänge 13 km
Buggy-tauglich nur innerhalb des (verkürzten) Abschnittes Höchwirt – Zösenberg – Kalkleiten – Buch.

Kirche Maria Schutz (Kalkleiten)

Hydranten ist eine Wegmarke angebracht. Mit dem unverzüglich steil ansetzenden Weinbergweg gewinnt man rasch an Höhe und gelangt oberhalb der Häusergruppe in einen Wald. Nach Überwinden dieser ersten Steilstufe (ca. 150 Höhenmeter) zweigt man auf den Verbindungsweg Nummer 26a ab; dieser leitet zum **Gasthaus Höchwirt.** Kurz oberhalb des Gasthauses gabeln sich zwei Straßen: Man hält sich an die halbrechts abzweigende Straße; diese ist identisch mit dem zum **Zösenberg** führenden

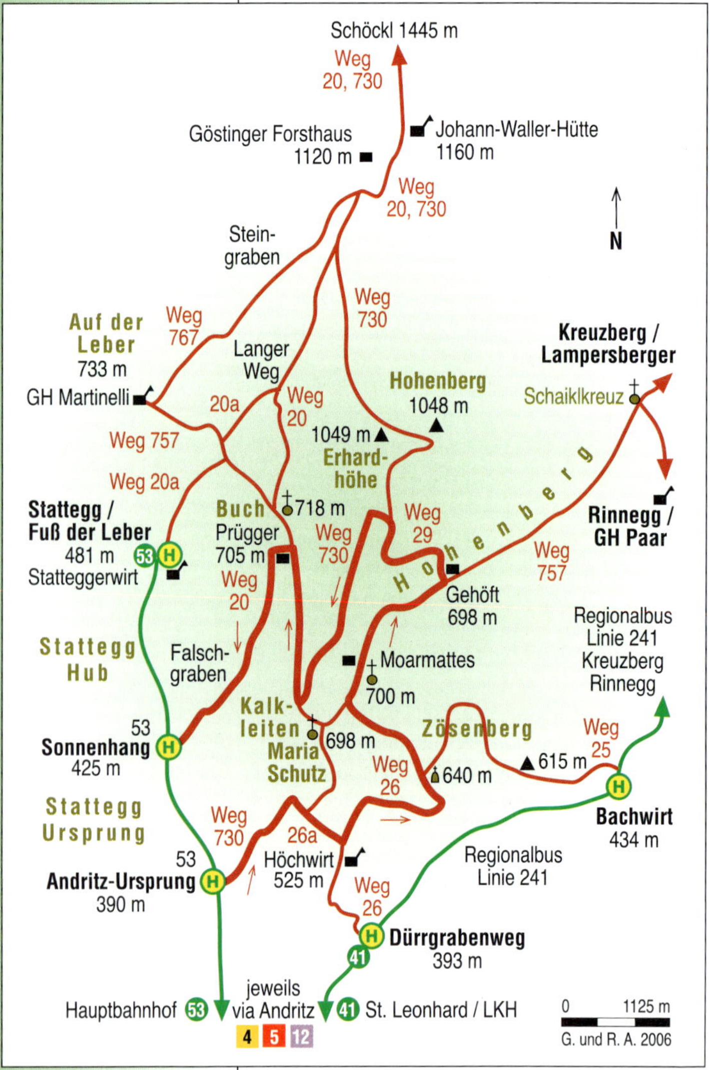

Wanderweg Nummer 26. Die Zösenbergstraße ist überwiegend sonnseitig trassiert. Auf dem höchsten Punkt des Zösenbergs (640 m) steht ein Bildstock; hier mündet der Weg 25 ein. Beide Markierungen leiten nordwärts zur **Hohenbergstraße;** diese ist identisch mit dem Weg Nummer 757 („Rund um den Schöckl"). Man folgt der Hohenbergstraße stadtauswärts, kommt zu der nächst dem Gehöft Moarmattes stehenden Kapelle und erreicht gut einen Kilometer danach die nächste Abzweigung: Aus dem Siedlungsbereich von Hohenberg leitet der Wanderweg Nummer 29 mäßig steil bergan in Richtung **Erhardhöhe.** Dorthin ansteigend, erreicht man den Weg Nummer 730; auf diesem nun bergab durch Wald und zur Höhenstraße in **Kalkleiten.** Dieser Straße folgt man nun nordwärts zu einem Spielplatz und weiter bis zum **Gehöft Prügger;** hier biegt man talwärts ab in den Wanderweg Nummer 20: Gut begehbare Wege leiten abwärts in den bewaldeten **Falschgraben** und durch diesen direkt zur Bushaltestelle Sonnenhang in Stattegg.

Erlebnispunkte

Beschreibungen siehe auch Teil II.

Zösenberg; sonnenreiches Siedlungsgebiet.

Moarmattes-Kreuz; an der Hohenbergstraße. Die Kapelle steht nächst dem gleichnamigen Gehöft.

Kalkleiten-Höhenstraße; beliebte Spazierstrecke. Mit Spielplatz und hervorragenden Aussichtspunkten.

Einer der traditionsreichen Treffpunkte von Grazer Ausflugsgästen

Ausgangspunkt

Haltestelle Andritz-Ursprung; Buslinie 53

Zielpunkt

Haltestelle Sonnenhang; Buslinie 53

Einkehrstätten

Gasthaus Höchwirt; Zösenberg 6

Abseits der Hauptroute:

Gasthaus Statteggerwirt; am Fuß der Leber

Gasthaus Martinelli; auf der Leber

26

Die Spazierstrecke

Gehzeit 3.15 Std.
Anstieg 300 Hm
Abstieg 360 Hm
Weglänge 11 km
Buggy-tauglich in den Abschnitten Buch – Kalkleiten und Stattegg-Ursprung – Andritz.

Ausgangspunkt

Haltestelle Sonnenhang; Buslinie 53

Zielpunkt

Haltestelle Andritz; Tramlinien 4, 5, 12; Buslinien 41, 52, 53

Einkehrstätte

Heuriger Johanneshof; Rotmoosweg 7/Ecke Ursprungweg

An der Höhenstraße Buch – Kalkleiten

Stattegg – Buch – Kalkleiten – Oberandritz

Ein Spaziergang in zwei Etagen – und auf halber Strecke sprudelt der Andritzbach-Ursprung

Dieser ausgedehnte Spaziergang gliedert sich in vier unterschiedliche Abschnitte und die Gesamtstrecke weist ein zackiges Profil aus: Just der Falschgraben (erster Abschnitt) ermöglicht einen richtig naturnahen Zugang zu jener populären Höhenstraße (zweiter Abschnitt), welche Buch und Kalkleiten faktisch eben verbindet. Anschließend (dritter Abschnitt) steigt man großteils auf Naturboden 300 Höhenmeter ab nach Andritz-Ursprung und setzt (vierter Abschnitt) den Spaziergang abschließend auf ebenen Nebenstraßen und Gassen bis Andritz fort.

Der Anstieg durch den **Falschgraben** erfolgt auf dem Wanderweg Nummer 20; dabei werden bis nach Buch rund 300 Höhenmeter überwunden. Ab dem **Gehöft Prügger** folgt man der Höhenstraße bzw. dem dieselbe Straße entlangführenden Wanderweg Nummer 757 („Rund um den Schöckl"). Sofern sich der Autoverkehr in Grenzen hält, ähnelt diese Höhenstraße einer Promenade, in jedem Fall bietet sie enorm weit reichende Panoramen. Die Straße ist faktisch eben trassiert und man legt auf ihr bis **Kalkleiten** gut eineinhalb Kilometer zurück.

Am Zugangstor zur Kirche Maria Schutz leiten Farbmarken des Wanderweges Nummer 730 talwärts: Linkshaltend, über Stufen, steigt man ab zu einem Wiesengrund und erreicht von diesem – nun scharf linkshaltend – den Waldrand. Der Weg 730 leitet durch Wald bergab und abschließend aus der Siedlung am Weinbergweg zur Bushaltestelle **Andritz-Ursprung.** Wo der Weinbergweg in den Mühlenweg einmündet, liegt ein kleiner **Rastplatz** (Tisch mit Bänken). Ab hier folgt man dem **Mühlenweg** stadt-

Die Kapelle in Buch

einwärts bis zur ehemaligen Schlatzer-Mühle. Von diesem stattlichen Anwesen, einem Landwirtschaftsbetrieb an der südlichen Gemeindegrenze von Stattegg, verläuft der **Ursprungweg** südwärts. In leicht erhöhter Lage erreicht man die Schöcklstraße. Anschließend führt der Ursprungweg als Einbahnstraße zur Weinitzenstraße. Man folgt ihr auf dem Gehsteig 200 Schritte stadtwärts. Der Ursprungweg führt bald am Rand des Areals von Schloss Oberandritz und zum **Johanneshof** weiter. Im Weiteren kommt man zu Wohnhäusern der Maschinenfabrik Andritz, spaziert am Ufer des Schöcklbaches entlang zur **Zelinkagasse** und erreicht aus dieser die Tram-Endhaltestelle Andritz.

Erlebnispunkte

Beschreibungen siehe auch Teil II.

Kalkleiten-Höhenstraße; mit Spielplatz. Enorm weit reichende Aussicht.

Kalkleiten; mit Kirche Maria Schutz.

Ursprung; Quelle des Andritzbaches; bis auf Widerruf frei zugänglich. An der den Quelltopf umgebenden Backsteinmauer steht die Jahreszahl 1570.

Von Andritz nach Stattegg-Ursprung

Am Schöcklbach und Ursprungweg zum quellfrischen Andritzbach

27

Dieser Spaziergang entführt über die nördliche Stadtgrenze: Vom Andritzer Hauptplatz durch aufgelockerte Siedlungsgebiete zum Gemeindeamt Stattegg. Das eigentliche Ziel liegt am großen, frei zugänglichen Quelltopf des Andritzbaches. Kurz davor kommt man nahe an Fischteiche heran und anschließend zu mehreren Koppeln: In Stattegg-Ursprung mangelt es nicht an Erlebnispunkten.

Ab der Tram-Endhaltestelle **Andritz** geht man zum Bildstock und an der Andritzer Reichsstraße zur Polizei-Wachstube, biegt in die **Zelinkagasse** ein und erreicht aus dieser den Schöcklbach. Sogleich schließt der **Ursprungweg** an. Man schlendert entlang des Schöcklbachs aufwärts, überquert die Prohaskagasse, kommt an Wohnhäusern der Maschinenfabrik Andritz vorbei und erspäht an einem Nebengebäude einen aus Schraubenschlüsseln gebastelten Mini-Globus.

An der Ecke Ursprungweg/Rotmoosweg steht der Nobel-Heurige **Johanneshof.** An der hohen Einfriedung des Schlosses Oberandritz entlanggehend, erreicht man alsbald die Weinitzenstraße, an ihr geht man 200 Schritte stadtauswärts und biegt – linkshaltend – in den nordwärts weiter führenden **Ursprungweg** ein. Man folgt diesem nun gegen die enge Einbahnstrecke (kein Gehsteig!) bis zur Schöckelstraße. Von hier weg hat der Ursprungweg die Breite – und auch das Verkehrsaufkommen – einer Gemeindestraße. Bergseitig fallen bunt gefär-

Die Spazierstrecke

Gehzeit 1.30 Std.
Anstieg 60 Hm
Weglänge 6 km
Buggy-tauglich gesamte Strecke.

Ausgangspunkt

Haltestelle Andritz; Tramlinien 4, 5, 12; Buslinien 41, 52, 53

Zielpunkt

Haltestelle Statteggerhof; Buslinie 53

Einkehrstätten

Heuriger Johanneshof; Rotmoosweg 7/Ecke Ursprungweg
Abseits der Hauptroute:
Gasthof Lehsl; an der Bushaltestelle Oberandritz
Gasthaus Goldener Engel; gegenüber der Bushaltestelle Oberandritz

Am Ursprung des Andritzbaches

Erlebnispunkte

Beschreibungen siehe auch Teil II.

Forellenzucht-Anlage; im Betrieb des Landesfischereiverbandes Steiermark.

Andritz-Ursprung; Karstquelle; bis auf Widerruf frei zugänglich.

Pferdehof; mit mehreren Koppeln; nächst dem Ursprung und den Fischteichen.

belte Familienhäuser auf. An der Stadtgrenze bzw. bei der ehemaligen Schlatzer-Mühle (Ursprungweg 160) biegt man in den **Mühlenweg** ein und erreicht auf diesem einen Rastplatz; nebenan steht unterhalb einer mächtigen Linde ein Wegkreuz.

Vom asphaltierten **Weinbergweg** zweigt man gleich zu dessen Beginn halblinks ab; ein verwinkelter Weg leitet zu den Fischteichen. Sodann durchquert man einen Pferdehof (Am Ursprung 23). Anschließend zweigt vor dem Haus Nummer 21 ein schmaler Weg ab, welcher unmittelbar an die als **Ursprung** bezeichnete Quelle des Andritzbaches heranführt.

Im Weiteren folgt man ab dem Haus Nummer 21 einem Rad- und Fußweg; dieser leitet zwischen Koppeln leicht bergan. Man erreicht wieder Asphalt und folgt der **Am Ursprung** bezeichneten Gasse zum Gemeindeamt Stattegg; gegenüber liegt die Bushaltestelle Statteggerhof.

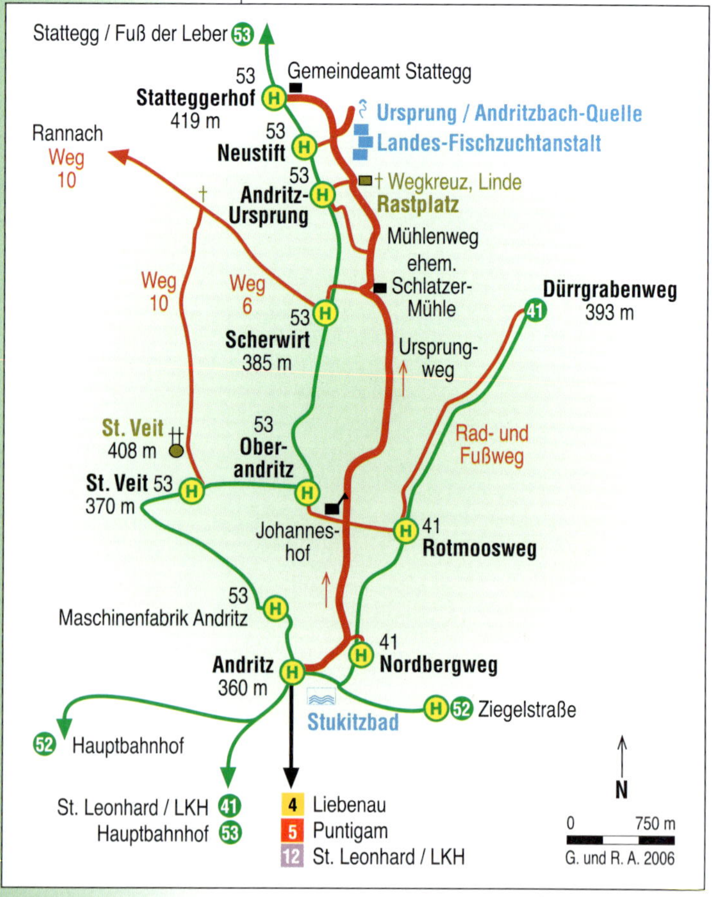

Um die Hohe Rannach

Individuelle Kombinationen bereichern die klassische Rundstrecke

28

Zweimal Stattegg: Unter der Jubiläumslinde, beim ehemaligen Geierkogelwirt …

Das Gebiet der Hohen Rannach besitzt ein dichtes Wanderwegenetz; auch mehrere Forststraßen sind als Wanderstrecken markiert. Die mit der Nummer 766 bezeichneten Teilstrecken ergeben gemeinsam den klassischen Weg „Rund um die Rannach“. Wie aus der Skizze ersichtlich, lassen sich einige Varianten einfügen – teils als Verlängerung, teils als Abkürzung oder gar als „sympathischer Umweg“: beispielsweise zum Rannach-Gipfel und/oder in Richtung Fuß der Leber.

Ab dem Huberwirt leitet die **Wegnummer 766** entlang von Flurwegen bergwärts in Richtung Geierkogelwirt. Ein Ziehweg führt schließlich an das

… und auf der Leber

Die Spazierstrecke

Gehzeit 5 Std.
Anstieg 500 Hm
Abstieg 500 Hm
Weglänge 16 km
Buggy-tauglich nur eingeschränkt.

Ausgangspunkt

Haltestelle Huberwirt; Buslinie 53

Zielpunkte

Endhaltestelle Fuß der Leber; Buslinie 53
Haltestelle Huberwirt; Buslinie 53

Einkehrstätten

Gasthaus Huberwirt; Stattegger Straße 193
Gasthaus Martinelli; auf der Leber
Gasthaus Statteggerwirt; am Fuß der Leber

Abseits der Hauptroute: **Gasthaus Höchwirt;** Zugang von der Hollacknerkapelle 10 Min.

ehemalige Gasthaus heran. Gegenüber, ab dem Bildstock, folgt man zunächst auch dem Hinweis „Alpengarten“; jedoch hält man sich bei den folgenden Gabelungen stets an jene Tafeln und Farbmarken, welche dem Weg 766 zugeordnet sind.

In der Folge umgeht man den **Marxenkogel** südwestseitig und erreicht in schöner Höhenlage – zirka 650 Meter Seehöhe – über das Gehöft Burgstaller das zur Gemeinde Gratkorn gehörende Freßnitzviertel. Bei der **Hollacknerkapelle** erreicht man eine markante Weggabelung; ab hier leiten die Wege Nummer 8 und 766 zunächst gemeinsam in Richtung Hohe Rannach. Flurwege führen bergwärts. Am Fuchskogel, welcher dem **Geierkogel** westseitig vorgelagert ist, gabeln sich in 900 Meter Seehöhe die genannten Wege: Man folgt wiederum der Nummer 766. Eine Forststraße führt um die Hohe Rannach west- und nordseitig herum und direkt zum **Gasthaus Martinelli** im Sattel „Auf der Leber“.

Der Rundweg um die Rannach führt nun südwärts, entlang der asphaltierten Leberstraße, kurz abwärts. Gleich anschließend ist man wieder auf Naturboden unterwegs: Ein Flurweg leitet südostseitig in das Waldgelände am Schöberlkogel und mündet in den Weg Nummer 10 ein. Nun geht man östlich vom **Marxenkogel** bergabwärts zum ehemaligen Geierkogel-Wirtshaus. Nun wieder auf dem Weg 766

Aus dem Sattel der Leber in Richtung Rannach

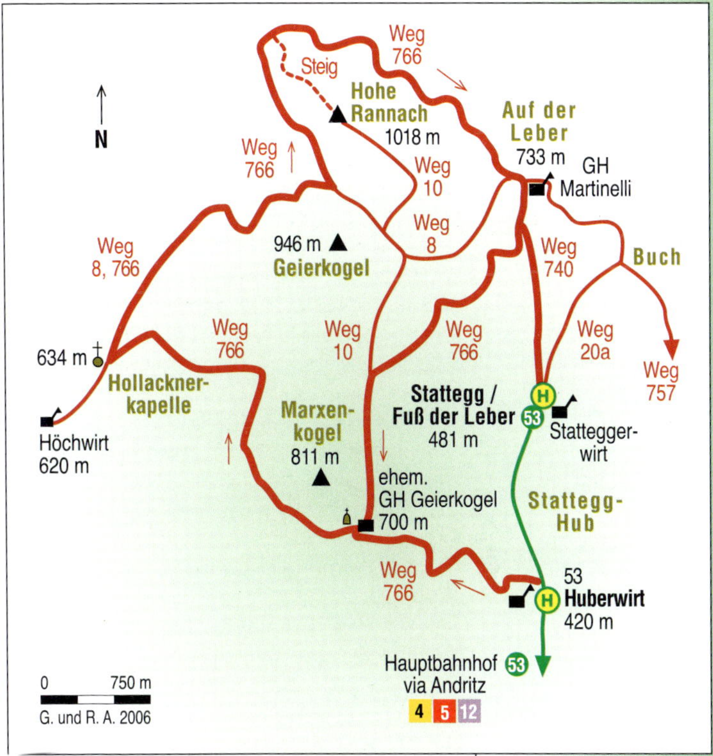

bergab zum **Gasthaus Huberwirt** an der gleichnamigen Bushaltestelle.

Erlebnispunkte

Marxenkogel; Pferdehof und Koppeln neben dem Geierkogel-Wirtshaus. Gegenüber dem Bildstock steht ein kleiner Jubiläumsstein, welcher die Inschrift trägt: „1192–1992 / 800 Jahre Stattegg".

Hollacknerkapelle; an der Westseite der Rannach; markante Weggabelung. Die Kapelle (erbaut anno 1893) steht nächst dem gleichnamigen Gehöft.

Hohe Rannach; empfehlenswerte Variante in Verbindung mit dem Wanderweg Nummer 10: Dieser leitet durch lockeren Wald auf die unscheinbare Gipfelkuppe, auf welcher ein „Mini-Gipfelkreuzlein" den höchsten Punkt markiert (1018 m). Ein unbezeichneter Steig leitet nordwestseitig bergab zu der mit der Wegnummer 766 markierten Forststraße, auf welcher man in Richtung Leber fortsetzt.

Leber; markante Sattellandschaft zwischen der Hohen Rannach und dem Schöckl; mit Ausblick auch in Richtung Landeshauptstadt Graz.

29

St. Veit – Alpengarten Rannach – Stattegg

Durch Fluren und Wälder: Spurensuche über dem Pailgraben

Die Spazierstrecke

Gehzeit 3 Std.
Anstieg 330 Hm
Abstieg 280 Hm
Weglänge 9 km
Buggy-tauglich nur für unverdrossen Geländegängige.

Ausgangspunkt

Haltestelle St. Veit; Buslinie 53

Zielpunkt

Haltestelle Huberwirt; Buslinie 53

Die Strecke dieser Halbrunde quert einen wie „hinter den sieben Bergen" liegenden Winkel: den Pailgraben mit seiner lieblichen Landschaft. Zwei längere Wegstücke steigt man bergan und so entwickelt sich auch dieser Spaziergang im Nahbereich der Rannach zu einem nachhaltigen Halbtagsausflug mit offenem Ende: Es mangelt ja nicht

Im Alpengarten Rannach

an Einkehrstätten. Ab der Bushaltestelle St. Veit folgt man dem zur weithin sichtbaren **Kirche St. Veit** leitenden Gehweg, geht im Ort St. Veit durch einen Torbogen und hält sich sogleich – ab dem Kirchenwirt – an die leicht bergan führende Rannachstraße. Parallel zur Straße leitet die Wegnummer 5 bergwärts. Gut 100 Höhenmeter oberhalb von St. Veit zweigt dieser Wanderweg links ab. Man kommt zu einem Wegschranken und unmittelbar danach weist eine Tafel in Richtung Pail. Der Wanderweg Nummer 5 leitet nordwestseitig bergab; man kommt nahe heran an den stattlichen **Bogenhof,** überquert den Pailbach und erreicht nun – nach kurzem Ansteigen – den Weiler **Pail.**

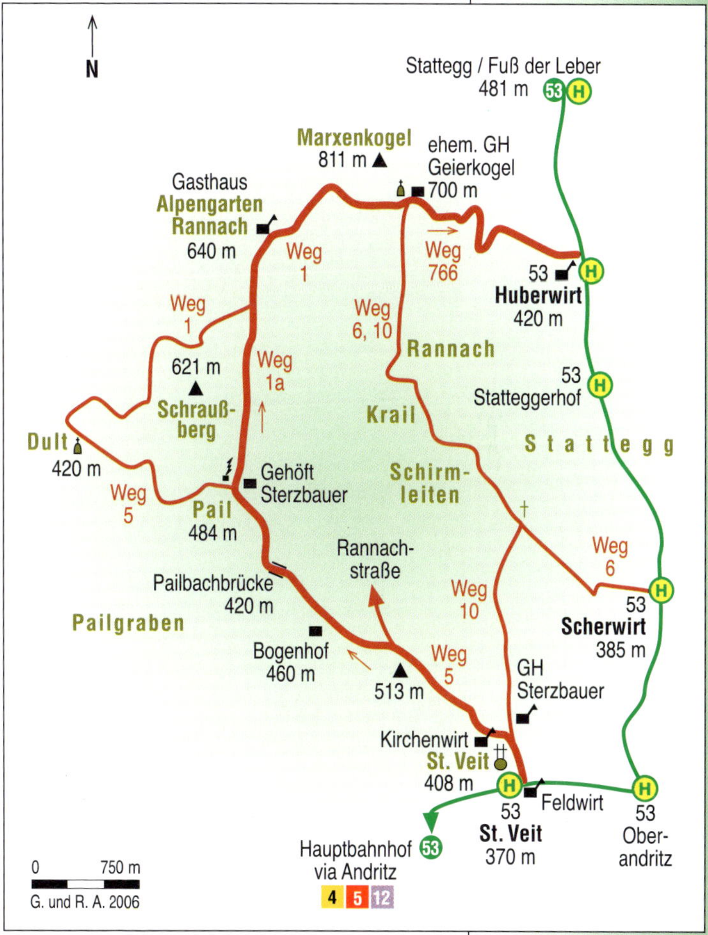

Die Paar-Kapelle steht gegenüber dem gleichnamigen Gehöft (Rannachstraße 255) und wurde als Zeichen nachhaltiger Dankbarkeit im Jahre 1956 von Genoveva Paar eigenhändig aufgemauert; die Tischlerarbeiten erfolgten mit Nachbarschaftshilfe.

Einkehrstätten

Gasthaus Feldwirt; an der Bushaltestelle St. Veit
Gasthaus Kirchenwirt; im Ort St. Veit; an der Gabelung Rannachstraße/St. Veiter Straße/Lois-Steiner-Weg
Gasthaus Sterzbauer; im Ort St. Veit; St. Veiter Straße 104
Gasthaus Alpengarten Rannach; seit Dezember 2005 wieder geöffnet
Gasthaus Huberwirt; an der gleichnamigen Bushaltestelle; Stattegger Straße 193

Ab dem Gehöft Sterzbauer (Haus 19) folgt man dem Wanderweg Nummer 1a; dabei steigt man zunächst auf einer Gemeindestraße ostseitig am Schraußberg an. Waldwege und der einmündende Wanderweg Nummer 1 leiten zum **Gasthaus Alpengarten Rannach** sowie zu den benachbarten Gehöften Paar und Hahnbauer. Schließlich spaziert man auf einem ebenen Wegstück zum ehemaligen Geierkogel-Wirtshaus. Als Abstiegsroute benutzt man den **Rannach-Rundweg** (Wegnummer 766): Zieh- und Flurwege leiten bergab in den Talboden von Stattegg: zum Gasthaus Huberwirt an der gleichnamigen Bushaltestelle.

Erlebnispunkte

Beschreibungen siehe auch Teil II.
Bogenhof; großflächiges Gut; Überblick auf den Pailgraben.
Pail; von Bauernhand gepflegte Kulturlandschaft.
Alpengarten Rannach; sonnenreiche Rast- und Einkehrstätte; mit Feuchtbiotop.

St. Gotthard – Dult – Höchwirt – Stattegg

Vom St. Veiter Schlössl hügelauf, hügelab in Richtung Pail und Rannach

Diese Wege-Kombination enthält zusätzliche Waldwege am Zugang zum Bogenhof; darüber hinaus schlängelt sich aus der Dult ein eher einsamer Pfad in den oberen Hahngraben, welcher sich einmal mehr als uriges Gelände erweist und worin man etliche Kalorien verbraucht. Umso willkommener ist eine Rast beim Höchwirt – schließlich sind vom Höchwirt bis zum Zielpunkt Huberwirt noch rund sieben Kilometer zurückzulegen.

Ab der Bushaltestelle St. Gotthard leiten ein paar dezent platzierte Farbmarken mit der **Wegnummer 4** entlang der Andritzer Reichsstraße – vorbei am St. Veiter Schlössl – in Richtung Golfplatz. Schräg gegenüber der Golfplatz-Einfahrt setzt der **Falkenweg** an. Man folgt diesem und gelangt innerhalb von zirka 20 Minuten zu einer **Forststraße;** eine Wegtafel weist in Richtung St. Veit. Bald erreicht man den **Wanderweg Nummer 5,** welchem man sodann folgt: Bergab am Bogenhof vorbei

30

Die Spazierstrecke

Gehzeit 4.30–5 Std.
Anstieg 520 Hm
Abstieg 470 Hm
Weglänge 15 km
Buggy-tauglich ohne Empfehlung.

Ausgangspunkt

Haltestelle St. Gotthard; Buslinie 53

Zielpunkt

Haltestelle Huberwirt; Buslinie 53

Vom Höchwirt zur Hollacknerkapelle

und von der Pailbachbrücke bergan in den Weiler **Pail.** Nun südseitig – teils auf einer Flurstraße bzw. auf Hofzufahrten – um den Schraußkogel herum in die **Dult.** Unweit der Dultbachbrücke steht ein Kloster.

Ab der Brücke leitet der Wanderweg Nummer 5 zunächst entlang einer Straße bzw. bachaufwärts in den sich verengenden Dultgraben. Man kommt zu kleinen Teichen; diese liegen unterhalb des Weißeggerhofes. Der obere Grabenteil am Dultbach

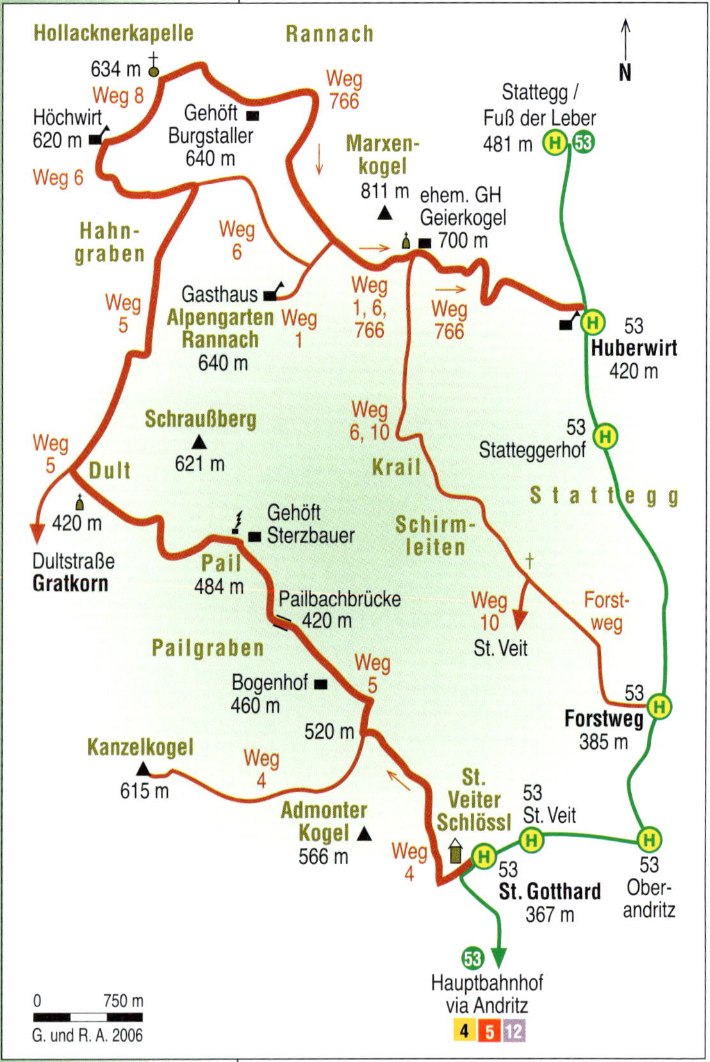

heißt **Hahngraben;** nahe einer im Schatten liegenden Furt mündet der Wanderweg Nummer 6 ein. Ein paar Kehren entlang eines Waldsteiges führen aus dem Hahngraben heraus. Ab dem Gehöft Winkelbauer folgt man einer Flurstraße; im anschließenden Waldstück zweigt man sogleich bergseitig ab. Ein Steig bzw. zackig verlaufende Steigspuren führen bergan zum **Höchwirt.** An der Straße geht es bergwärts weiter zur **Hollacknerkapelle;** ab hier hält man sich an den Weg Nummer 766: Der „Weg um die Rannach" leitet zum **Gehöft Burgstaller** und von diesem – südwestseitig um den Marxenkogel herum – zum ehemaligen Gasthaus Geierkogel. Man erreicht entlang des Weges Nummer 766, der nun ostseitig bergab leitet, das Gasthaus Huberwirt und die gleichnamige Bushaltestelle.

Erlebnispunkte

Beschreibungen siehe auch Teil II.

St. Veiter Schlössl; ehemaliges Schloss St. Gotthard. Neu organisiert mit Kultur-Events.

Pail und Dult; bäuerliches Kulturland.

Hahngraben; teils uriges Grabengelände.

Hollacknerkapelle; erbaut im Jahre 1893; die Kapelle steht gegenüber dem gleichnamigen Gehöft.

An der Westseite der Rannach

Einkehrstätten

Gasthaus Höchwirt; in Gratkorn-Freßnitzviertel

Gasthaus Huberwirt; gleichnamige Bushaltestelle; Stattegger Straße 193

Abseits der Hauptroute:
Gasthaus Alpengarten Rannach; Zugang aus dem Hahngraben auf dem Weg 6, zuletzt dem Weg 1 folgend

31 Kanzelkogel – Schirmleiten – St. Veit

Ein Mix aus Flur- und Forstwegen, Berg- und Nebenstraßen samt Varianten auf Wiesenpfaden

Tendenz steigend: Schilder und Schilda

Der Kanzelkogel wird im Volksmund kurz Kanzel genannt; das infolge eines Steinbruchs nunmehr überwiegend kahl geschlagene Gipfel-Umgebungsgelände ähnelt mehr denn je einer Aussichtskanzel: Insbesondere in Richtung Schöckl bieten sich umfassende Überblicke. Nicht minder reizvoll ist das an der Schirmleiten liegende Siedlungsgebiet, aus welchem man die Landeshauptstadt Graz gut einsieht. Wie beim Spaziergang Nummer 30 von der Bushaltestelle St. Gotthard – vorbei am St. Veiter Schlössl – zum **Falkenweg** und auf diesem bergan zum Forstweg am Höhenrücken. Die Markierung des Weges Nummer 4 leitet links weiter: Man folgt an der Nordseite des Admonter Kogels einem Forstweg und gelangt in einen **Sattel** (509 m); Wegkreuzung. Der nun grobe Forstweg führt steiler bergan zu einer Kahlschlagfläche; daraus schlängelt sich ein Steig auf den in seinem Gipfelbereich bislang unversehrt erhalten gebliebenen **Kanzelkogel** (615 m). Nordseitig liegt ein Steinbruch; die der Absperrung dienenden Drahtseile darf man keineswegs übersteigen, Absturzgefahr!

Als Rückweg wählt man besser einen Waldsteig;

Von der Schirmleiten über St. Veit (rechts) in das Grazer Stadtgebiet

dieser leitet östlich vom Kanzelkogel entlang eines Bergrückens durch Hainbuchen und Waldbestand in den vorhin erwähnten **Sattel.** Man folgt nun wie beim Zugang demselben Forstweg, jedoch nur so weit, bis man den aus Richtung St. Veit einmündenden Wanderweg Nummer 5 erreicht, den man nur überquert. Denn halblinks verbindet ein schmaler Waldweg zur Bogenhof-Forststraße und unmittelbar darauf mit der **Rannachstraße.** An ihr geht man nordwärts weiter; nach einem kurzen Waldstück leitet diese Straße leicht bergan durch Siedlungsgebiet und zu einer **Wetterlärche;** gegenüber beginnt die Schirmleitenstraße. Man geht jedoch eher weiter zum ehemaligen Gasthaus **3 Linden;** dahinter, am Waldrand, gelangt man zu den Häusern Rannachstraße 150 und 148. Anschließend folgt man dem ebenen Waldweg bis zu einem Zaun. Dieser wird mit wenigen Schritten bergan umgangen und man erreicht eine Hauszufahrt. An ihr nun bergab, vorbei am **Krailhof** und den Krailweg abwärts zur **Schirmleitenstraße.** In schöner Höhenlage spaziert man nun allmählich südwärts und erreicht ein Wegkreuz. Der Wanderweg Nummer 10 ist identisch mit der **St. Veiter Straße;** ihr folgend überquert man alsbald den Gabriachbach. Gegenüber dem Haus Nummer 158 steht die Semler-Kapelle; zum Haus Nummer 134 gehört eine Koppel. Schließlich erreicht man auf Nummer 114 das Wohnhaus von Lois Steiner und unweit davon das Ortszentrum

Die Spazierstrecke

Gehzeit 3.30 Std.
Anstieg 300 Hm
Abstieg 300 Hm
Weglänge 12 km
Buggy-tauglich gesamte Strecke. Ausgenommen im Gipfelbereich der Kanzel.

Ausgangspunkt

Haltestelle St. Gotthard; Buslinie 53

Zielpunkt

Haltestelle St. Veit; Buslinie 53

Einkehrstätten

In St. Veit:
Gasthaus Feldwirt; an der Bushaltestelle St. Veit
Gasthaus Kirchenwirt; Rannachstraße 9
Gasthaus Sterzbauer; St. Veiter Straße 105

Das St. Veiter Schlössl

St. Veit. Ein Gehsteig leitet bergab zu einer Marienkapelle und zur Bushaltestelle St. Veit beim Feidwirt.

Erlebnispunkte

Beschreibungen siehe auch Teil II.

Kanzelkogel; mit Ausblick auf das Murtal bei Raach sowie in das Grazer Bergland.

Wetterlärche; im Eckbereich Rannachstraße/Schirmleitenstraße. Der Verband Deutscher Studenten in Graz errichtete hier Gedenkkreuze für die Opfer der beiden Weltkriege (1914–1918 und 1939–1945).

Krailhof (Krailweg 21); urkundlich genannt bereits anno 1407.

St. Veiter Straße 114: Gedenktafel für Oberschulrat Prof. Lois Steiner (1907–1987). In diesem Haus lebte und wirkte der bekannte steirische Volksliedsammler, Schuldirektor und Chorleiter.

St. Veit; Kirche und Ort; umfassender Ausblick auf das Stadtzentrum.

St. Veiter Schlössl; Andritzer Reichsstraße 144–146, ehemaliges Schloss St. Gotthard; zurzeit für „Kunst-Events" genutzt.

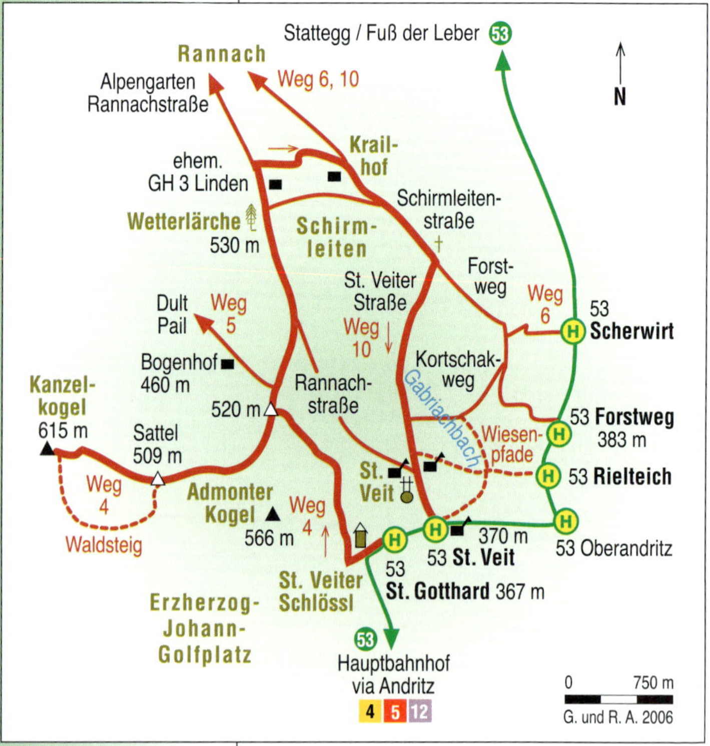

Thalwinkel – Burgruine Gösting – Raach – Gösting

32

Sonnseitig bergan zum Annen-Bründl und nordseitig um den Jungfernsprung stadtwärts

Diese Wege-Komposition enthält nebst sonn- und schattseitigem Gelände auch zwei kurze Abstecher: erstens zur Aussichtsplattform an dem als Jungfernsprung bezeichneten Felskopf; zweitens lohnt es sich, zur Cholera-Kapelle zu schlendern. Schließlich lässt sich auch die Gesamtstrecke dieses Spaziergang-Tipps halbieren, variieren und überhaupt beliebig gestalten.

An der Bushaltestelle Thalwinkel zweigt eine Asphaltstraße ab und von dieser eine **Forststraße,** welche am Frauenkogel südseitig bergwärts führt. Auf dieser Forststraße gelangt man zu jenem **Sattel** (540 m; Gabelung, Hochspannungsleitung), in welchem aus Richtung Kreuzwirt der Wanderweg Num-

Die Spazierstrecke

Gehzeit 2.30 Std.
Anstieg 160 Hm
Abstieg 200 Hm
Weglänge 8 km
Buggy-tauglich gesamte Strecke.

Ausgangspunkt

Haltestelle Thalwinkel; Buslinie 48

Zielpunkt

Haltestelle Gösting; Buslinien 40, 48, 85

Einkehrstätten

Burgtaverne; Zugang an der Westseite der Burgruine Gösting; im Burghof eine große Terrasse
Gasthaus Raachwirt; in Raach

Abseits der Hauptroute:
Gasthaus Kreuzwirt; nahe der Bus-Endhaltestelle Thal-Kötschberg

Einen Abstecher wert: Die Cholera-Kapelle

mer 31 einmündet. Man hält sich aus dem Sattel halbrechts und gelangt – leicht ansteigend – zum **Annen-Bründl.** Die als „Feuerwehrauffahrt" neu trassierte Forststraße ist identisch mit den Wanderwegen Nummer 1 bzw. 563 und leitet halbwegs eben zur **Burgruine Gösting.** Unterhalb der Burgmauer geht man noch bis zum Sattel östlich am Waldrand. Aus diesem Sattel leitet ein Steig zum **Jungfernsprung;** hingegen setzt wenig unterhalb des Sattels jener Stichweg an, auf welchem man ein Waldstück durchquert und zur **Cholera-Kapelle** gelangt.
Man geht zurück in den erwähnten Sattel und setzt den Spaziergang nun nordwärts fort: Dem Weg Nummer 1a folgend, steigt man das steile, **Raacher**

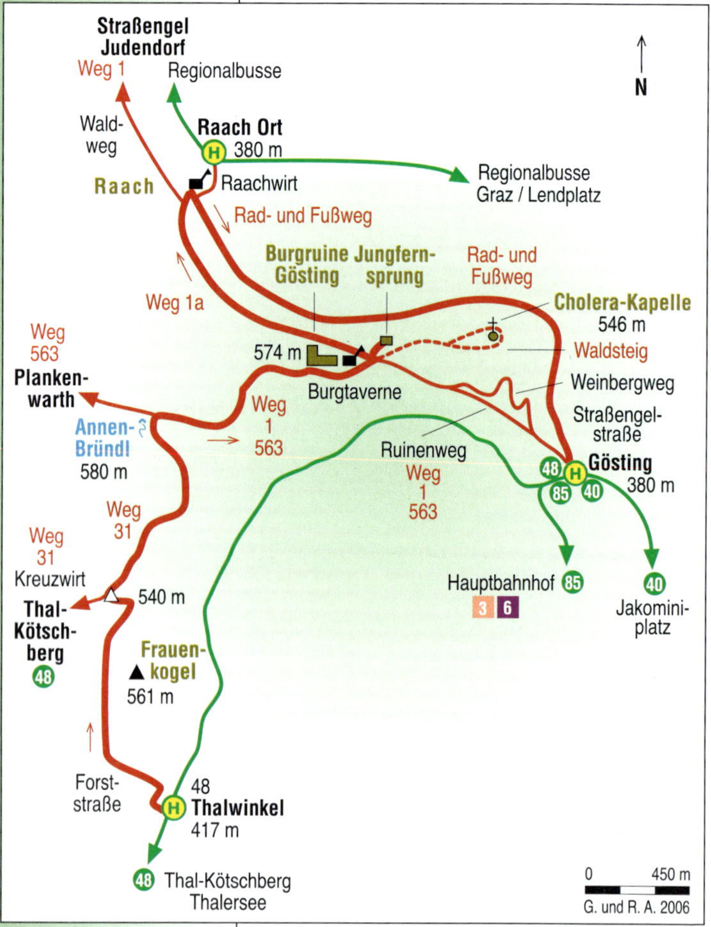

Überblick vom Jungfernsprung auf die Murtal-Pforte bei Raach

Leiten genannte Waldgelände ab. Im Talboden von **Raach** folgt man einem Rad- und Fußweg; dieser ist identisch mit dem Weg Nummer 1 und führt südwärts zum Nordportal des Plabutschtunnels. Man geht nächst der Südbahntrasse um den Jungfernsprung herum und erreicht durch die **Straßengelstraße** die Bushaltestelle Gösting.

Erlebnispunkte

Beschreibungen siehe auch Teil II.

Annen-Bründl; mit Jahreszahl 1964; Rastplatz.

Burgruine Gösting; mit Taverne, umfassender Ausblick auf das Grazer Stadtgebiet.

Jungfernsprung; weit reichender Überblick in Richtung Grazer Bergland. Der zur gesicherten Aussichtsplattform führende Steig wurde vom Göstinger Burgverein anno 1932 angelegt.

Cholera-Kapelle; auf einer lichten Waldkuppe; mit Rastbänken.

33

Die Spazierstrecke

Gehzeit 2.45 Std.
Anstieg 200 Hm
Abstieg 150 Hm
Weglänge bis zu 10 km
Buggy-tauglich gesamte Strecke.

Ausgangspunkt

Haltestelle Gösting; Buslinien 40, 48, 85

Zielpunkt

Endhaltestelle Thalersee; Buslinie 48

Einkehrstätten

Burgtaverne; bei der Burgruine Gösting
Gasthaus Kreuzwirt; nahe der Bus-Endhaltestelle Thal-Kötschberg
Restaurant Thalersee; am gleichnamigen See

Farbenreiche Kunst in Thal

Burgruine Gösting – Kötschberg – Thalersee

Steil bergan, dafür gemächlich talwärts; zum Schluss erquickt eine Bootsfahrt

Gleich der Beginn dieses Spazierganges lässt niemanden an der Schwerkraft zweifeln: Der Ruinenweg führt kompromisslos steil bergwärts. Der Ausgleich folgt auf dem Fuß: Ab der Burgruine Gösting und erst recht ab dem Annen-Bründl schlendert man leichtfüßig westwärts.

Nächst der Bushaltestelle am Göstinger Schlossplatz setzt der beachtlich steile **Ruinenweg** an; dieser ist mit den Wanderwegen Nummer 1 und 563 identisch. Zwischendurch, indem man auch dem Weinbergweg folgt, lässt sich eine kleine Entlastungsschleife einlegen.

Ab der **Burgruine Gösting** leitet – anstelle des einstigen romantischen Waldpfades – eine Forststraße zum Annen-Bründl. Diese Forststraße hat sich zu einer Art „Höhenpromenade“ entwickelt; die am bergseitigen Wegrand platzierten Nischen werden gern zum Abrasten genutzt. Ab dem **Annen-Bründl** folgt man der leicht bergab führenden Forststraße, welche nun mit dem Wanderweg Nummer 31 identisch ist, zu einem Sattel, über welchen eine Hochspannungsleitung verläuft. An dieser Gabelung hält man sich nur kurz an den rechts abwärts führenden Forstweg; sogleich zweigt links ein undeutlich ausgeprägter Steig ab: Auf diesem gelangt man in einen Graben, durch welchen die Stadtgrenze ver-

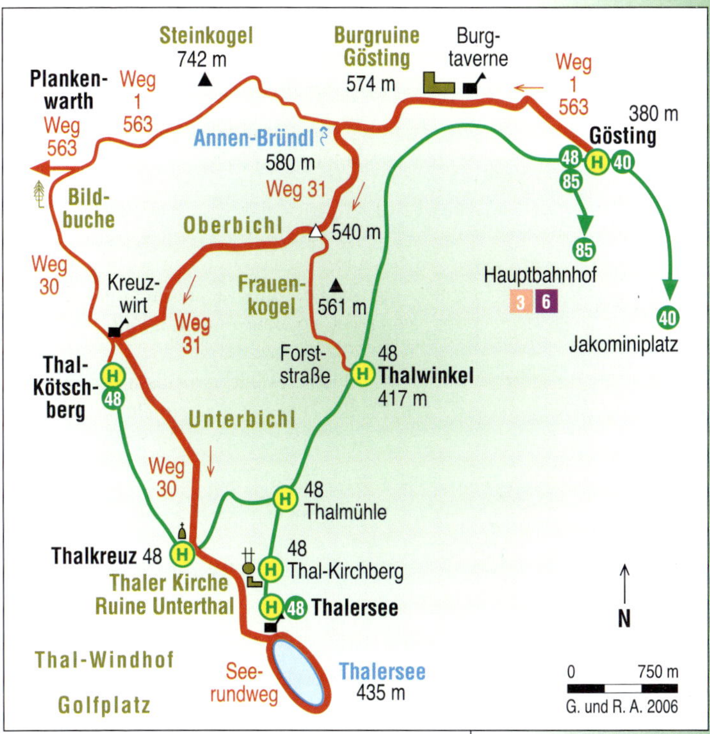

läuft, und setzt folglich den nächsten Schritt auf den Boden der Gemeinde Thal. Man erreicht den Weiler **Oberbichl** bzw. das Gehöft vulgo Moarannerl (Hausnummer 18) und folgt ab dem Haus Nummer 19 einer ebenen Straße; bei einem Kellerstöckl fällt die Jahreszahl 1825 auf. Anschließend, bei einem Teich, beginnt der Ortsteil **Thalwinkel;** rechts steht ein Bauernhaus von anno 1845. Bei der Trafostation gabeln sich die Wege: Die Flurstraße rechter Hand führt zum Bildstock beim **Kreuzwirt.**

Man folgt nun dem Wanderweg Nummer 30: Dieser führt vom Bildstock südwärts – entlang eines Wiesen- und Waldrückens – nach Unterbichl und durch Gehöftgruppen zum **Thalkreuz** und zur gleichnamigen Bushaltestelle. Dem Gehsteig folgend erreicht man die Kirche in **Thal.** Südwärts und vorbei an der revitalisierten Ruine Unterthal folgt man der Flurstraße zur Bus-Endhaltestelle **Thalersee.** Ein Rundgang um den See – oder doch eher eine Bootsfahrt? – schließt diesen ausgedehnten Spaziergang in erholsamer Weise ab.

Erlebnispunkte

Beschreibungen siehe auch Teil II.

Burgruine Gösting; mit Jungfernsprung, Annen-Bründl.

Thal; mit Ernst-Fuchs-Kirche, Ruine Unterthal, Golfplatz.

Thalkreuz; anno 1850 errichtet.

Thalersee; großflächige Erholungslandschaft; mit Seerundweg, Ruderbootverleih.

34

Gösting – Raach – Straßengel – Thalersee

Kultur und Natur: Wallfahrtskirche Maria Straßengel und längere Waldwege

Die Spazierstrecke

Gehzeit 4.15 Std.
Anstieg 300 Hm
Abstieg 250 Hm
Weglänge 15 km
Buggy-tauglich nur entlang der Teilstrecken Gösting – Raach – Judendorf – Straßengel sowie Kötschberg/Kreuzwirt – Thal – Thalersee.

Ausgangspunkt

Haltestelle Gösting; Buslinien 40, 48, 85

Zielpunkt

Endhaltestelle Thalersee; Buslinie 48

Einkehrstätten

Gasthaus Raachwirt; in Raach
Gasthaus Kirchenwirt; bei der Wallfahrtskirche Maria Straßengel
Gasthaus Kreuzwirt; nahe der Bus-Endhaltestelle Thal-Kötschberg
Restaurant Thalersee; am gleichnamigen See
Abseits der Hauptstrecke:
Burgtaverne; bei der Burgruine Gösting

Dieses Mal wärmt man sich ab Gösting mit einer über viele Kilometer nahezu ebenen Wegstrecke auf. Ab Straßengel jedoch kommt erhöht Bewegung in die Beine: Mit dem Übergang nach Thal-Kötschberg.

Ab der Bushaltestelle am Schlossplatz in Gösting folgt man der verkehrsarmen **Straßengelstraße**, welche identisch mit dem Wanderweg Nummer 1 und dem R2 Mur-Radweg ist. Ab der ehemaligen Bahnhaltestelle Gösting benutzt man den Rad- und Fußweg; man geht nächst der Südbahntrasse nach **Raach** und durchquert dessen Siedlungsgebiet entlang der Bergseite. Die als Waldweg bezeichnete Route (vom ÖTK auch „Seidelsteig" genannt) mündet in ein Waldstück, durch welches man den bergseitigen Ortsrand von **Judendorf** erreicht. Zuletzt steigt man kurz bergan zur **Wallfahrtskirche Maria Straßengel**.

Am Kirchberg hält man sich westseitig bergab zu den Häusern, von welchen der Wanderweg Nummer 30 südwärts leitet: Durch ein Waldgebiet ansteigend, gelangt man in den **Thaler Sattel** (679 m)

Am Thalersee

und folgt dem hier einmündenden Plankenwarther Höhenweg (Nummer 563) nur wenige Schritte: Sogleich zweigt links bzw. südwärts der Wanderweg Nummer 30 ab und führt sogleich an den mit Heiligenbildern geschmückten Buchenbaum („Bildbuche“) heran. Südwärts absteigend erreicht man direkt den **Kreuzwirt.** Nun spaziert man entweder zur nahen Bus-Endhaltestelle **Thal-Kötschberg** oder man setzt den Spaziergang fort: Durch Unterbichl zur Bushaltestelle **Thalkreuz** und eventuell auch noch durch **Thal** zur Bus-Endhaltestelle am Thalersee.

Erlebnispunkte

Beschreibungen siehe auch Teil II.

Seidelsteig; beliebter Wald-Wanderweg, zwischen Raach und Judendorf.

Wallfahrtskirche Maria Straßengel; erbaut im 14. Jh.

Bildbuche; am Thaler Sattel.

Thal; mit Ernst-Fuchs-Kirche, Ruine Unterthal, Golfplatz.

Thalersee; einladendes Freizeitareal, mit Seerundweg.

Juwel der Hochgotik: Maria Straßengel

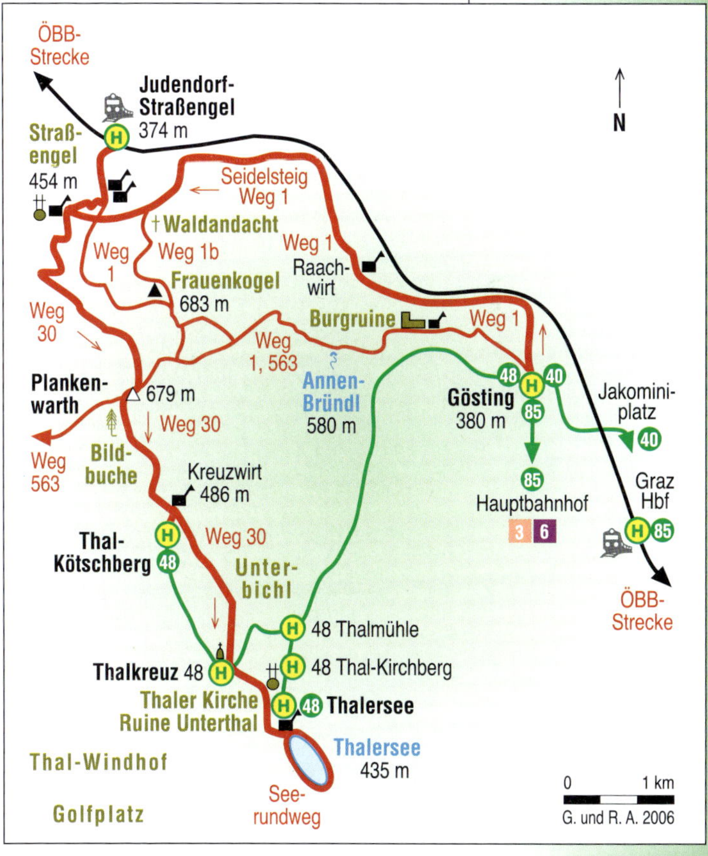

35 Gösting – Schloss Plankenwarth – Kötschberg

Auch eine Art von „Kunst in der Natur“

Der Plankenwarther Höhenweg hat ganzjährig Saison

Der Plankenwarther Höhenweg, durchgehend markiert mit der Nummer 563, zählt zu den klassischen Spazier- bzw. Wanderstrecken im nordwestlichen Stadtrandbereich von Graz.

Ab dem Schlossplatz in Gösting überwindet man zunächst den steilen Ruinenweg. Bei der **Burgruine Gösting** beginnt der eigentliche Höhenweg, und zwar als jener Forstweg, welchem man bis zum **Annen-Bründl** folgt. Hier setzt ein Steig an; dieser führt geradewegs bergwärts und mündet kurz vor dem Steinkogelsattel in jenen Forstweg, welcher ebenfalls vom Annen-Bründl heranführt.

Im **Steinkogelsattel** hält man sich links bzw. südwestwärts; ein Fahrweg führt an der Südseite des Steinkogels und der Reiner Spitze insgesamt leicht

Beim Schloss Plankenwarth

Die Spazierstrecke

Gehzeit 4.30 Std.
Anstieg 450 Hm
Abstieg 360 Hm
Weglänge 14 km
Buggy-tauglich zwischen Thaler Sattel und Binderwirt nur eingeschränkt.

Ausgangspunkt

Haltestelle Gösting; Buslinien 40, 48, 85

Zielpunkt

Endhaltestelle Thal-Kötschberg; Buslinie 48

Einkehrstätten

Burgtaverne; bei der Burgruine Gösting
Gasthaus/Café Mandl; Plankenwarth 81, an der Bushaltestelle Binderwirt
Schlosstaverne; beim Schloss Plankenwarth
Gasthaus Kreuzwirt; nahe der Bus-Endhaltestelle Thal-Kötschberg

bergab in den **Thaler Sattel.** Die Markierung des Plankenwarther Höhenweges leitet in das zwischen dem **Straßengelberg** und dem **Generalkogel** liegende Waldgebiet, in welchem man schließlich südwärts absteigt. Bei einem Wegkreuz an der Südseite des Markogels erreicht man eine Flurstraße und folgt dieser westwärts zur Bushaltestelle **Binderwirt.** Die weiterführende Straße leitet direkt an das **Schloss Plankenwarth** heran.

Den Rückweg in Richtung **Thal** setzt man auf jener Flurstraße fort, welche identisch ist mit dem Wanderweg Nummer 31 und vom Binderwirt an der Südseite des Markogels zum vorhin erwähnten Wegkreuz zurückführt, anschließend durch ein Waldstück abwärts leitet zur Wendelleiten und in das Siedlungsgebiet von **Waldsdorf.** Ab dem Bildstock (501 m) folgt man jener Flurstraße, auf welcher man direkt den **Kreuzwirt** erreicht. Unweit davon liegt die Bus-Endhaltestelle Thal-Kötschberg.

Erlebnispunkte

Beschreibungen siehe auch Teil II.

Burgruine Gösting; mit Burgtaverne, Jungfernsprung, Annen-Bründl.

Schloss Plankenwarth; ehemalige Doppelburg, bereits im 12. Jh. erwähnt.

Von Bauernhand gepflegtes Land: Vom Kreuzwirt in Richtung Thalkreuz

Gösting – Fürstenstand – Buchkogel – Straßgang

36

Auf dem Kernstockweg über alle Berge des westlichen Stadtrandes

Der Kernstockweg wurde im Jahre 1925 als Wanderweg angelegt und führt – stellenweise nächst der Stadtgrenze verlaufend – faktisch über alle Berge des westlichen Stadtrandes. Wie aus der Skizze ersichtlich, lässt sich der Kernstockweg mit verschiedenen Zugängen bzw. Abstiegen kombinieren.

Der Zugang erfolgt ab der Bushaltestelle Gösting entlang des Schlosses. Kurz vor dem Gasthaus Kokol biegt man in die **Göstinger Straße** ein. Alsgleich setzt der **Fürstenstandweg** – hier identisch mit dem Wanderweg Nummer 2 – unmittelbar steil an und leitet bergwärts zu ein paar Häusern und durch das anschließende Waldgelände zum **Fürstenstand,** einer Aussichtsplattform auf dem höchsten Punkt des Plabutsch. Die Markierung des mit der Nummer 2 bezeichneten Kernstockweges führt am Plabutsch südwärts. Dabei umgeht man den **Mühlberg** an dessen Westseite und erreicht im **Gaisbergsattel** den mit „Herrgott auf der Wies" bezeichneten Bildstock.

Die Spazierstrecke

Gehzeit 4.30 Std.
Anstieg 600 Hm
Abstieg 630 Hm
Weglänge 16 km
Buggy-tauglich auf einzelnen Abschnitten, beispielsweise Gaisbergsattel – St. Johann und Paul, oder auf Umgehungsstrecken, wie entlang der Fürstenstandstraße.

Ausgangspunkt

Haltestelle Gösting; Buslinien 40, 48, 85

Zielpunkt

Haltestelle Straßgang-Zentrum; Buslinien 32, 62

Im Mühlbergsattel

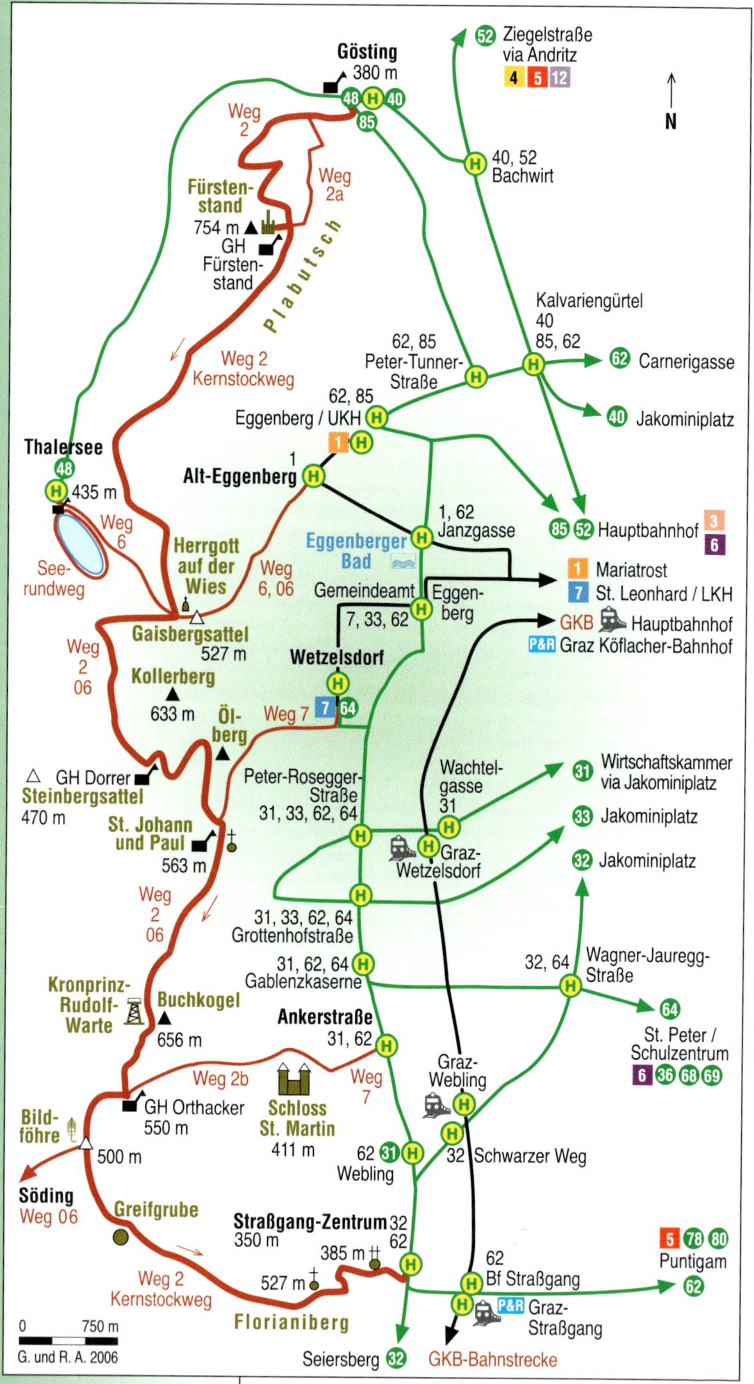
Gösting
380 m
48 H 40
85
52 Ziegelstraße
via Andritz
4 5 12
N
Weg
2
Weg
2a
40, 52
Bachwirt
Fürsten-
stand
754 m
GH
Fürsten-
stand
Plabutsch
Kalvariengürtel
40
85, 62
62 Carnerigasse
40 Jakominiplatz
62, 85
Peter-Tunner-
Straße
Weg 2
Kernstockweg
62, 85
Eggenberg / UKH
1
Thalersee
48
435 m
1
Alt-Eggenberg
Weg
6
See-
rundweg
Herrgott
auf der
Wies
Weg
6, 06
1, 62
Janzgasse
Eggenberger
Bad
85 52 Hauptbahnhof
3
6
1 Mariatrost
7 St. Leonhard / LKH
Gemeindeamt
Eggen-
berg
GKB Hauptbahnhof
P&R Graz Köflacher-Bahnhof
Gaisbergsattel
527 m
7, 33, 62
Weg
2
06
Wetzelsdorf
Kollerberg
633 m
Öl-
berg
Weg 7
7 64
GH Dorrer
Steinbergsattel
470 m
Peter-Rosegger-
Straße
31, 33, 62, 64
Wachtel-
gasse
31
31 Wirtschaftskammer
via Jakominiplatz
33 Jakominiplatz
32 Jakominiplatz
St. Johann
und Paul
563 m
Graz-
Wetzelsdorf
Weg
2
06
31, 33, 62, 64
Grottenhofstraße
31, 62, 64
Gablenzkaserne
32, 64
Wagner-Jauregg-
Straße
64
St. Peter /
Schulzentrum
6 36 68 69
Kronprinz-
Rudolf-
Warte
Buchkogel
656 m
Ankerstraße
31, 62
Weg 2b
Weg
7
Graz-
Webling
GH Orthacker
550 m
Schloss
St. Martin
411 m
Bild-
föhre
500 m
62 31
Webling
32 Schwarzer Weg
Söding
Weg 06
Greifgrube
Straßgang-Zentrum
350 m
32
62
385 m
5 78 80
Puntigam
62
Bf Straßgang
62
527 m
Weg 2
Kernstockweg
Florianiberg
P&R Graz-
Straßgang
0
750 m
G. und R. A. 2006
Seiersberg 32
GKB-Bahnstrecke

Am Scheitel des Plabutsch

Auf einem Forstweg umgeht man den **Kollerberg** ebenfalls westseitig und gelangt an der Steinbergstraße zum Gasthaus Dorrer. Nun erfolgt der Anstieg am **Ölberg;** alsbald erreicht man die nach der kleinen Kirche **St. Johann und Paul** benannte Gaststätte. Der Kernstockweg führt südwärts zum Buchkogelsattel; aus diesem steigt man allmählich an. Der Buchkogelsteig (eine Treppenanlage) verbindet zur **Kronprinz-Rudolf-Warte** auf dem Gipfel des Buchkogels. Über eine Wendeltreppe mit 50 Stufen erreicht man die Aussichtsplattform, von der die Landeshauptstadt Graz gut zu überblicken ist. Vom **Buchkogel** steigt man südwärts durch Wald ab zum Gasthaus Orthacker. Nach einem Straßenstück leiten Waldwege entlang der Stadtgrenze zur **Bildföhre.** Das nächste Wegstück führt zu der im Volksmund „Greifgrube“ genannten großen Doline sowie zu jenem kleinen Straßensattel, welcher – in Erinnerung an ein Feuchtbiotop – ortsüblich weiterhin „Schaflacke“ genannt wird. In leichtem Anstieg erreicht man schlussendlich die letzte Anhöhe, den **Florianiberg,** und somit auch die kleine, feine Florianikirche. Als Abstiegsweg benutzt man zunächst einen Natur- und Kultur-Lehrpfad. Von der Pfarrkirche **Straßgang** steigt man über eine Steintreppe ab und erreicht an der Kärntner Straße die Bushaltestelle Straßgang-Zentrum.

Einkehrstätten

Gasthof Kokol; Thalstraße 3/ Ecke Göstinger Straße

Heurigen-Restaurant Fürstenstand; am Gipfel des Plabutsch, Fürstenstandweg 100

Gasthaus Dorrer; am Steinbergsattel

Gasthaus St. Johann und Paul; nächst der gleichnamigen Kirche

Gasthaus Orthacker; Am Buchkogel 9

Erlebnispunkte

Beschreibungen siehe auch Teil II.

Fürstenstand; Aussichtsplattform auf dem Plabutsch, erbaut anno 1839. Neu installiert wurde eine Orientierungsplatte.

Herrgott auf der Wies; Steinpfeiler mit Sandsteinfigur aus dem Jahre 1840.

St. Johann und Paul; Kirche aus dem 16. Jh.; nächst davon das kleine urige Gasthaus.

Kronprinz-Rudolf-Warte; Aussichtsturm auf dem Gipfel des Buchkogels.

Florianikirche; erbaut 1597, auf dem höchsten Punkt des Florianiberges.

Kirche Maria Elend; Pfarrkirche in Straßgang.

37

Eggenberg – Fürstenstand – Gösting

Aus der Einsiedelei auf den Plabutsch

Die Vierzehnnothelferkirche

Die Spazierstrecke

Gehzeit 2.30 Std.
Anstieg 400 Hm
Abstieg 390 Hm
Weglänge 7 km
Buggy-tauglich nur eingeschränkt.

Nomen est omen: Jene Umgebung, in welche der „Weg zur Einsiedelei" führt, erweist sich als unvermutet einsam und ebenso als eine willkommene Ruhezone: Mit jedem bergwärts gesetzten Schritt sackt der Lärmpegel des verkehrsbedingten Pulsschlages der Baiernstraße spürbar ab. Einmal mehr erweisen sich die Stadtrandberge als unerschütterbare Ruhezone.

Ab der Tramhaltestelle Alt-Eggenberg folgt man dem **Nothelferweg** bis zur Straßenecke beim ehemaligen Gasthaus Almwirt; nun an der Bergstraße rund 150 Meter südwärts. Man biegt in den **Weg zur Einsiedelei** ab; von dieser ist nur noch der Name erhalten und ein Rest des Fundaments. Der mit der Nummer 5 bezeichnete Wanderweg mündet bei einer großen Buche am Waldrand in einen schwach ausgeprägten Steig ein; dieser leitet entlang der Erdgas-Pipeline-Trasse bergwärts. Im **Mühlbergsattel** hält man sich rechts bergan, umgeht ein abgezäuntes Grundstück und gelangt am **Mühlberg** zum Haus Fürstenwarteweg 76; man folgt diesem Weg bis zur Hausnummer 50a.

Am Kernstockweg

Nun hält man sich links aufwärts und kommt zu einem **Wegkreuz** (mit Jahreszahl 1952) an der asphaltierten Höhenstraße. Man hält sich jedoch wiederum rechts, schneidet somit die Straßenkurve bergwärts ab und folgt – nunmehr links der Straße gehend – dem Weg Nummer 2 bis zum **Fürstenstand.**

Der Abstieg erfolgt auf dem Kernstockweg bzw. Wanderweg Nummer 2; zuletzt geht man vom **Fürstenstandweg** durch die Göstinger Straße zum Schloss Gösting und an diesem entlang zur Bus-Endhaltestelle Gösting am Schlossplatz.

Erlebnispunkt

Beschreibungen siehe auch Teil II.

Fürstenstand; frei zugängliche Aussichtsplattform auf dem Plabutsch; Wildgehege nahe dem Restaurant.

Ausgangspunkt

Haltestelle Alt-Eggenberg; Tramlinie 1

Zielpunkt

Haltestelle Gösting; Buslinien 40, 48, 85

Einkehrstätten

Gasthaus Alt-Eggenberg; Baiernstraße 3

Heurigen-Restaurant Fürstenstand; Fürstenstandweg 100

Gasthof Kokol; Thalstraße 3/ Ecke Göstinger Straße

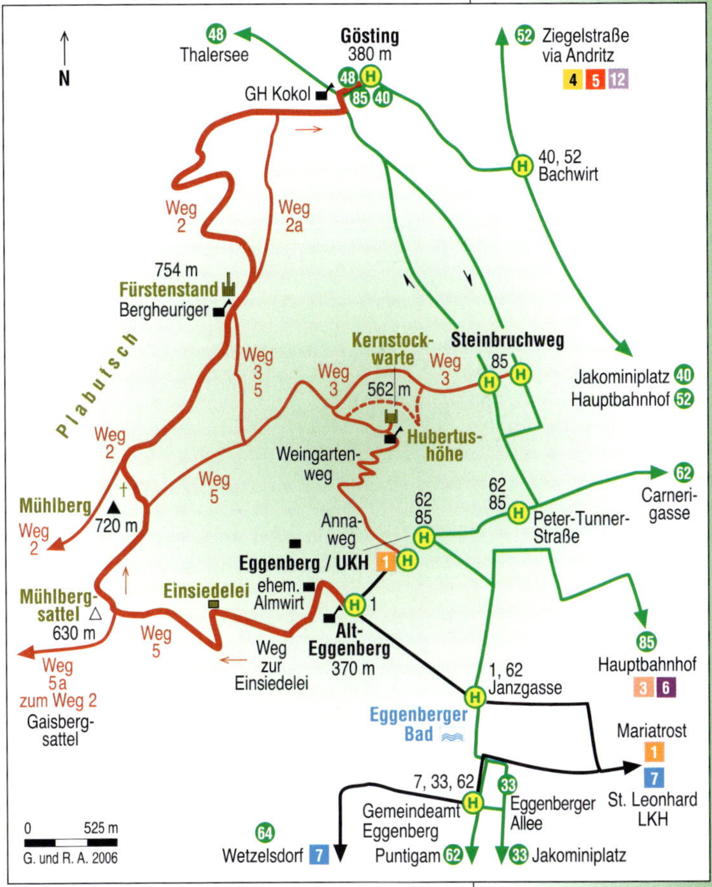

38 Hubertushöhe – Fürstenstand – Eggenberg

Zu Überblicken aus der Nobelperspektive

Die Spazierstrecke

Gehzeit 3 Std.
Anstieg 375 Hm
Abstieg 385 Hm
Weglänge 10 km
Buggy-tauglich im Abschnitt UKH – Annaweg – Weingartenweg – Hubertushöhe.

Die Stadtrand-Landschaft überrascht auch Leute, welche annehmen, ihre Heimatstadt Graz gut zu kennen. Als Beispiel für solch einen „Oho-Effekt" erweist sich die Hubertushöhe.
Gegenüber der Tram-Endhaltestelle beginnt beim Kreuzwirt der **Annaweg;** dieser leitet bergwärts zum Weingartenweg, welchen man beim Haus Nummer 23 erreicht. In steilen Kehren führt der asphaltierte **Weingartenweg** (eine Privatstraße) sonnseitig bergan und endet beim Gasthaus **Hubertushöhe.**

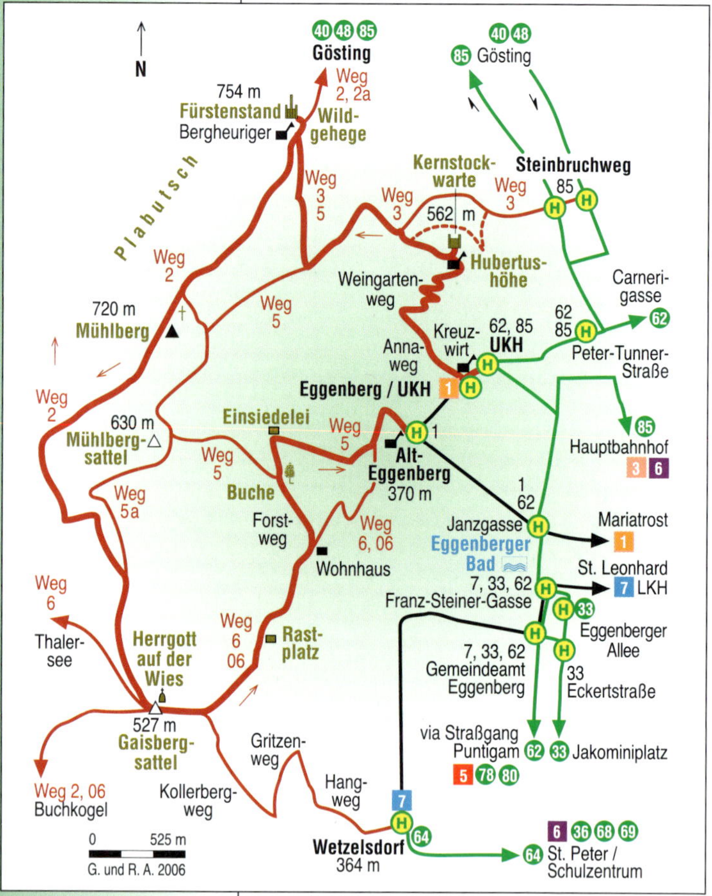

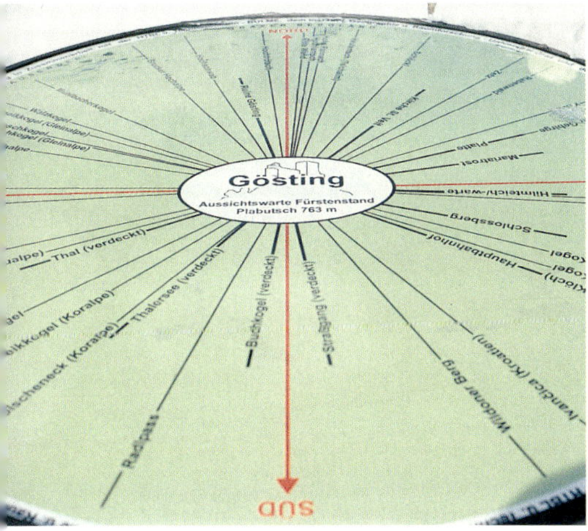

Die Orientierungsplatte auf dem Fürstenstand

Bergseitig gelangt man zur frei zugänglichen **Kernstockwarte.** Deren Mauerwerk ist intakt; jedoch verwehren hohe Sträucher und Waldbäume jede Aussicht.

Entlang eines markierten Waldpfades quert man halbwegs eben zu einem kleinen Sattel und erreicht den **Weg Nummer 3;** dieser leitet durch einfach begehbares Waldgelände bergan. Zuletzt folgt man kurz der Höhenstraße, welche direkt an den **Fürstenstand** heranführt.

Als Rückweg dient zunächst der **Kernstockweg** (Wegnummer 2); dieser zweigt beim höheren Sendemast von der Asphaltstraße ab und verläuft rechts von dieser beständig durch Waldgelände südwärts. An einigen Stellen bietet der Kernstockweg jeweils einen umfassenden Ausblick auf das Gemeindegebiet Thal und sogar bis zur Gleinalpe.

Ab dem **Gaisbergsattel** folgt man dem Weg Nummer 6 bzw. 06; diese Parallel-Markierung leitet zu einem **Rastplatz** (mit Tisch und Sitzbänken) bei einem aufgelassenen Steinbruch. Man folgt dem breiten Forstweg allmählich bergab bis zu einem Wohnhaus, welches ein hoher Zaun abschirmt. Davor, bei der Tafel **„Bäderlauf",** zweigt man links ab: Ein Forst- bzw. Ziehweg leitet leicht bergan und man erreicht eine am Waldrand stehende große **Buche** (mit Markierung). Ab hier folgt man dem Wanderweg Nummer 5; er führt durch Wald zur Einsiedelei, abwärts zur Bergstraße und aus dieser zur Tramhaltestelle Alt-Eggenberg.

Ausgangspunkt

Endhaltestelle Eggenberg/UKH; Tramlinie 1
Haltestelle Eggenberg/UKH; Buslinien 62, 85

Zielpunkt

Haltestelle Alt-Eggenberg; Tramlinie 1

Einkehrstätten

Gasthaus Kreuzwirt; am Annaplatz
Gasthaus Hubertushöhe; Weingartenweg 35
Heurigen-Restaurant Fürstenstand; Fürstenstandweg 100

Erlebnispunkte

Beschreibungen siehe auch Teil II.

Annaplatz; im kleinen Park die Annakapelle (erbaut 1827) und eine mächtige Stieleiche (gesetzt 1908; Naturdenkmal).

Rothenburg; an der Ecke Annaweg/Bergstraße. Das Schlösschen wurde von Abt Freiseisen (Stift Rein) anno 1579 „inmitten von Reben" erbaut.

Hubertushöhe; Aussichtspunkt mit Gasthaus.

Kernstockwarte; errichtet 1928/29; frei zugänglich.

Fürstenstand; Aussichtsplattform auf dem Plabutsch.

Herrgott auf der Wies; Bildsäule im Gaisbergsattel.

39

Die Spazierstrecke

Gehzeit 1 Std.
Weglänge bis zu 3 km
Buggy-tauglich auf der gesamten Strecke.

Prunkbau ersten Ranges: Das Schloss Eggenberg

Schloss Eggenberg

Von hohem Wert: „Kultur-und-Natur-Spaziergänge" bewegen alle Sinne

Das Barockschloss Eggenberg sowie dessen 17 Hektar große Parkanlage und das darin installierte Lapidarium enthalten auch einzigartige ideelle Werte; daraus formt sich der Kern eines jeden individuell komponierbaren „Kultur-und-Natur-Spazierganges".

Der Zugang erfolgt ab der Tramhaltestelle Schloss Eggenberg und führt durch die **Schlossstraße** zum Haupteingang des Schlosses Eggenberg.

Beim Haupttor bietet sich ein erster prachtvoller Überblick auf das **Schloss** sowie dessen **Park;** durch diesen bummelt man beliebig lang.

„Kultur-und-Natur-Spaziergänge" führen auch an das **Lapidarium** heran und verknüpfen sich ebenso mit Schlossführungen: Hohes Interesse wecken die

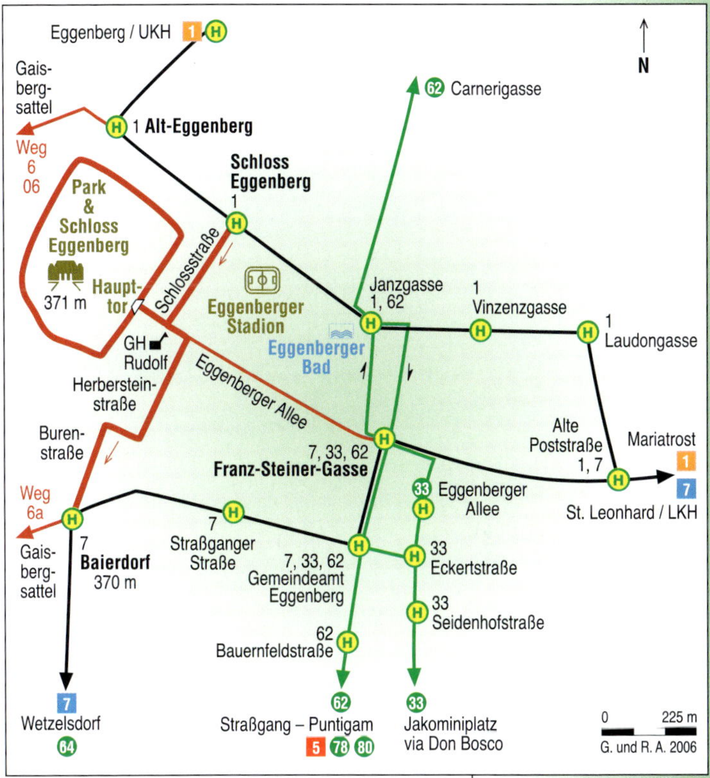

im Schloss eingerichteten **Dauerausstellungen,** beispielsweise jene zur Frühgeschichte.
Als bedeutendstes kulturhistorisches Zeugnis gilt der Strettweger Kultwagen, ein in Strettweg bei Judenburg aus der Ackererde geborgener Fund, welcher aus der Hallstattzeit datiert.
Schlossführungen und **Schlosskonzerte** ergänzen das permanente Ausstellungsprogramm in diesem erstrangigen Repräsentationsschloss des Landes Steiermark.
Nach dem Rundgang durch das Areal des Schlosses Eggenberg spaziert man vom Haupteingang beispielsweise durch die **Herbersteinstraße** zur **Grasberger Straße,** hält sich hier kurz rechts und quert durch die südwärts führende **Burenstraße** zur Tramhaltestelle Baierdorf.

Erlebnispunkt

Ausführliche Beschreibung siehe Teil II.
Schloss Eggenberg; mit Schlosspark und Lapidarium.

Ausgangspunkt

Haltestelle Schloss Eggenberg; Tramlinie 1

Zielpunkt

Haltestelle Baierdorf; Tramlinie 7

Einkehrstätte

Restaurant Rudolf; mit Erlebnisbrauerei; nächst dem Eingang zum Schloss Eggenberg, Eggenberger Allee 91

Informationen

Homepage der Graz-Tourismus-Gesellschaft
www.graztourismus.at
Menüpunkt: Sehenswertes – Museen – Schloss Eggenberg

40

Thalersee – Gaisbergsattel – Eggenberg

Sanfte Einstimmung: Einmal rund um den See

Die Spazierstrecke

Gehzeit 1 Std. 30 Min.
Anstieg 95 Hm
Abstieg 160 Hm
Weglänge 4,5 km
Buggy-tauglich nur bedingt.

Ausgangspunkt

Endhaltestelle Thalersee; Buslinie 48

Zielpunkt

Haltestelle Alt-Eggenberg; Tramlinie 1

Wasser und Berge sind feine Partner – auch dort, wo beide eine eher bescheidene Größe haben: Zu einstimmendem Spazieren verlockt der Thalersee, um dessen anmutiges Ufer ein Weg herumführt; der Rundkurs beginnt und schließt beim Restaurant Thalersee. Nicht minder stimmungsreich ist eine Bootsfahrt. Nachdem man derart naturnah stimuliert ist, beginnt nun der eigentliche Spaziergang: Vom See zur Stadt.
Ab dem Restaurant Thalersee leitet der **Wanderweg Nummer 6** aus dem Uferbereich alsbald bergwärts. Man stößt auf einen Forstweg und folgt diesem bis in den **Gaisbergsattel;** das darin stehende sakrale Wegzeichen – eine mit einem Heiligenbild geschmückte Steinsäule – nennt der Volksmund „Herrgott auf der Wies".

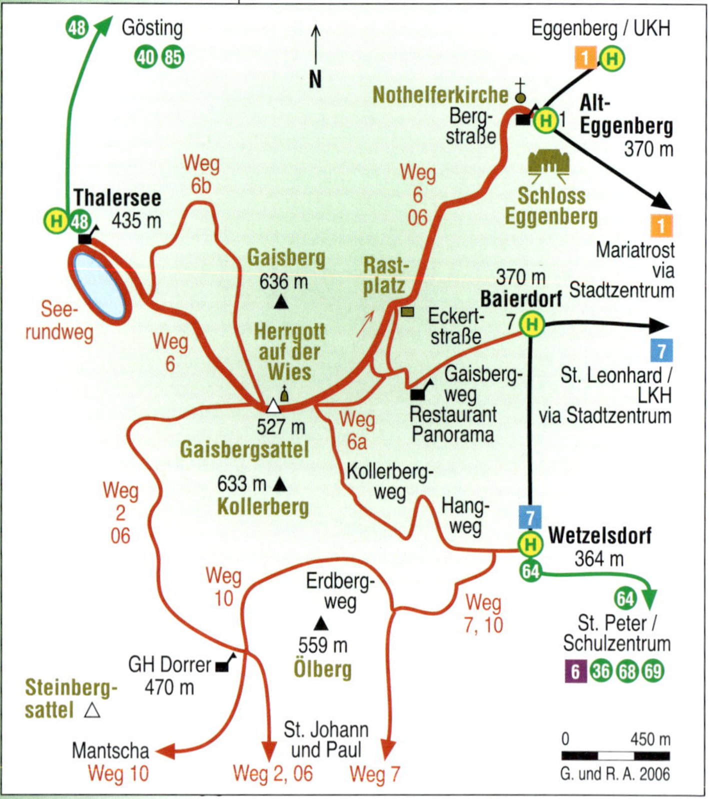

Im Gaisbergsattel: Der Herrgott auf der Wies

Aus dem erwähnten Sattel leitet der Weg Nummer 6 nun gemeinsam mit dem Mariazeller Weg 06 stadtwärts. Alsbald bzw. ab einem Wegschranken führt ein Forstweg ostseitig um den **Gaisberg** herum und gibt stellenweise den Blick frei auf die Landeshauptstadt Graz. Nach dem kleinen **Rastplatz** (Tisch und Bänke; aufgelassener kleiner Steinbruch) folgt man dem Forstweg, leicht bergab, bis zu einem Haus; hoher Holzzaun. Nach dessen Ende, ab der Ecke des Drahtzaunes, leitet auch der so genannte Jägersteig zur Plabutschtunnel-Notausfahrt. In der Baiernstraße hält man sich besser sogleich an die verkehrsarme **Bergstraße.** Man erreicht die Vierzehnnothelferkirche und am Nothelferweg die Tramhaltestelle Alt-Eggenberg.

Einkehrstätten

Restaurant Thalersee; unmittelbar am Ufer des gleichnamigen Sees.

Abseits der Hauptroute: **Restaurant Panorama;** Gaisbergweg 7

Erlebnispunkte

Thalersee; mit großem Freizeitareal.

Herrgott auf der Wies; Steinsäule im Gaisbergsattel.

Rastplatz; bei einem aufgelassenen Steinbruch.

Vierzehnnothelferkirche; an der Ecke Bergstraße/ Nothelferweg. Gestiftet von den Eggenbergern im Pestjahr 1680.

Freizeit und Erholung seit dem Jahre 1925: Am Thalersee

41

Wetzelsdorf – Gaisbergsattel – Eggenberg

Eine Kombination aus Gassen und Straßen, Forst- und Flurwegen sowie Waldsteigen

Die Spazierstrecke

Gehzeit 2.30 Std.
Anstieg 360 Hm
Abstieg 350 Hm
Weglänge 8 km
Buggy-tauglich bis zum Gaisbergsattel und ab diesem entlang des Weges 6/06 nach Alt-Eggenberg.

Ausgangspunkt

Endhaltestelle Wetzelsdorf; Tramlinie 7; Buslinie 64

Zielpunkt

Haltestelle Alt-Eggenberg; Tramlinie 1

Einkehrstätten

Gasthof Dorrer; Steinbergstraße 41

Abseits der Hauptroute: **Restaurant Panorama;** Gaisbergweg 7

Diese weitläufig angelegte Halbrunde legt man im Uhrzeigersinn zurück, so dass diese Spazierstrecke in grafisch vereinfachter Form dem Großbuchstaben „C" ähnelt. Angereichert ist dieser Spaziergang natürlich auch mit „wohltemperierten" Anstiegen und Abstiegen.

Ab der Endhaltestelle Wetzelsdorf quert man am südlichen Ende der Thaddäus-Stammel-Straße zur Baiernstraße und erreicht von dort mit wenigen Schritten den Beginn der **Steinbergstraße,** welcher man kurz folgt. An der nächsten Gabelung orientiert man sich am Kriegerdenkmal bzw. an einer kleinen Parkanlage. Hier beginnt der **Neupauerweg;** der Wanderweg Nummer 10 leitet steil bergan. Alsbald folgt man dem **Erdbergweg,** der nordseitig um den Ölberg herumführt und in die Einödstraße mündet. Indessen leitet der markierte Weg am Fuße des Ölbergs westwärts entlang. Beim **Gasthof Dorrer** überquert man die Steinbergstraße und folgt nun der Markierung des Wanderweges Nummer 2 bzw. Mariazeller Weges 06 entlang der Thalerseestraße rund 300 Meter bis zur nächsten Gabelung, welche unmittelbar an der Stadtgrenze liegt. Der Weg 2 bzw. 06 ist nun identisch mit jener Forststraße, welche westseitig um den Kollerberg und direkt in den **Gaisbergsattel** führt. Im Weiteren hält man sich an den Wanderweg Nummer 2 bzw. Kernstockweg und steigt auch am Gaisberg westseitig, jedoch

Markanter Punkt am Wanderweg Nummer 5: Die Buche an der Pipeline-Trasse

durch Waldgelände, bergan bis in Höhe des **Mühlberges.** Nördlich davon, wo man nahe an die asphaltierte Fürstenstandstraße herankommt, überquert man diese und folgt zunächst der alten Trasse des Wanderweges Nummer 5 (blasse Farbmarken). Ab dem Haus Fürstenwarteweg 50a leiten Farbmarken des Fünfer-Weges zum Haus 76 und durch Wald abwärts in den Mühlbergsattel. Anschließend zunehmend steil (Erdgas-Pipelinetrasse) bergab zu einer großen Buche (Markierung), wieder durch Wald zur Einsiedelei und abwärts zur Bergstraße; vom Nothelferweg direkt zur Tramhaltestelle Alt-Eggenberg.

Erlebnispunkte

Beschreibungen siehe auch Teil II.

Ölberg; mit Stadtrand-Siedlungsgebiet.

Kollerberg und **Gaisberg;** mit sonnseitigen Forst- und Waldwegen.

Herrgott auf der Wies; Steinsäule im Gaisbergsattel.

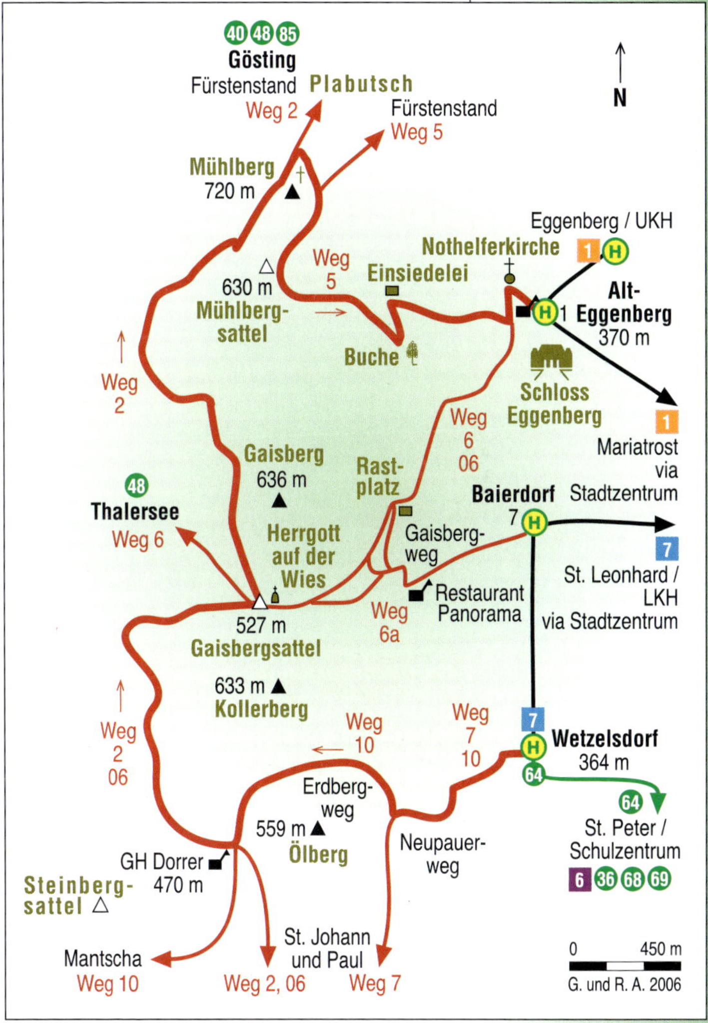

42

Schloss St. Martin – Buchkogel – St. Johann und Paul – Wetzelsdorf

Von einstigen Weinhängen zu intakten Waldwegen und einem klassischen Aussichtsturm

Die Spazierstrecke

Gehzeit 2.30 Std.
Anstieg 320 Hm
Abstieg 310 Hm
Weglänge 8 km
Buggy-tauglich mit Umgehungsstrecken; zwischen Orthacker und Buchkogelsattel besser entlang der Forststraße (Weg 2b).

Dieser Spaziergang beginnt mit einem starken Bezug zum Kulturland und gipfelt am Buchkogel in der Aussichtsplattform der Kronprinz-Rudolf-Warte. Den nächsten willkommenen Höhepunkt bietet die „sakral-profane" Einheit namens St. Johann und Paul: Die kleine Kirche und die anheimelnd wirkende Gaststätte werden als ein ganzjähriges Ausflugsziel geschätzt. Der in den Siedlungsraum von Wetzelsdorf führende Abstiegsweg gewährt einen weit reichenden Überblick auf das Stadtgebiet.

Wo die **Ankerstraße** und die Hermann-Aust-Gasse in die Martinhofstraße einmünden, setzt bergseitig der **St.-Martin-Steig** an, welcher direkt zum **Schloss St. Martin** leitet. Ab der kleinen Schlosskirche folgt man entweder dem Wanderweg Nummer 7 oder der Asphaltstraße; in jedem Fall erreicht man den „Am Weinhang" stehenden **Hochkoflerhof.** Ab diesem respektabel aussehenden Objekt leitet der Wanderweg Nummer 7 bergan und zum oberen jener beiden großen **Belüftungstürme**, welche dem Plabutschtunnel dienen.

Gleich anschließend folgt man dem Wanderweg

Schlosskirche und Schloss St. Martin

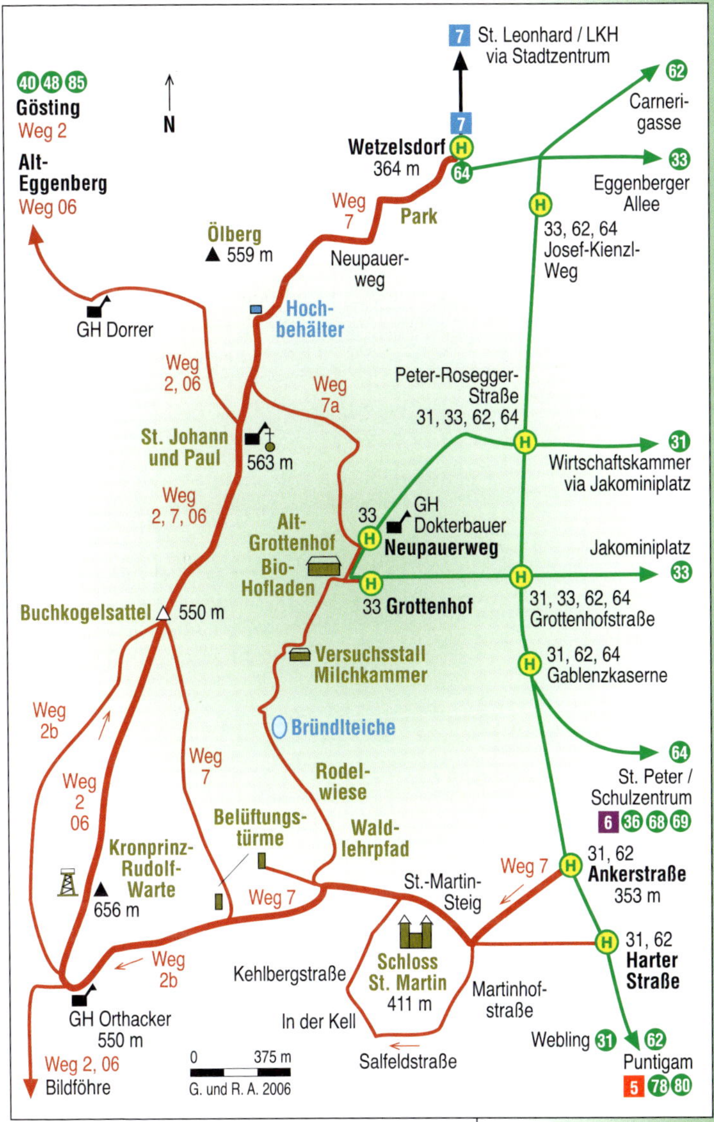

Nummer 2b; dieser verbindet am Buchkogel an dessen breiter Südseite durch ein Waldstück zum **Gasthaus Orthacker.**

Darauf wählt man den Wanderweg Nummer 2 bzw. Kernstockweg und erreicht, indem man durch einen Wald rund 100 Höhenmeter ansteigt, die auf der teils ausgeschlägerten Gipfelkuppe des Buchkogels stehende **Kronprinz-Rudolf-Warte.** Im Weiteren

Auf dem höchsten Punkt des Buchkogels: Die Kronprinz-Rudolf-Warte

Ausgangspunkt

Haltestelle Ankerstraße; Buslinien 31, 62

Zielpunkt

Endhaltestelle Wetzelsdorf; Tramlinie 7; Buslinie 64

Einkehrstätten

Gasthaus Orthacker; Am Buchkogel 9
Gasthaus St. Johann und Paul; nächst der gleichnamigen Kirche

steigt man am Buchkogel nordwärts, teils mit Hilfe einer gezimmerten Hangtreppe, in den Buchkogelsattel ab. Der Weg Nummer 2 leitet entlang eines breiten Waldrückens sowie entlang von Grenzsteinen (GG = Gemeinde Graz) nach **St. Johann und Paul.** Nun folgt man wiederum dem Wanderweg Nummer 7; dieser leitet an der Ostseite des Ölbergs bergab: Zunächst zu einem Hochbehälter, anschließend erreicht man den **Neupauerweg** und benutzt diese schmale Bergstraße als Abstiegsroute. Ab dem kleinen Park, in dem eine Kapelle steht, geht man an der Steinbergstraße nur kurz entlang und erreicht innerhalb weniger Minuten die Endhaltestelle Wetzelsdorf.

Erlebnispunkte

Beschreibungen siehe auch Teil II.
St. Martin; mit Schloss, Schlosskirche, Waldlehrpfad.
Hochkoflerhof; mit dem Hochkoflerkreuz; beide am Weinhang.
Kronprinz-Rudolf-Warte; auf dem Buchkogel.
St. Johann und Paul; Kirche aus dem 16. Jahrhundert. Den gleichen Namen trägt auch das urige Gasthaus.

Wetzelsdorf – Buchkogel – Bründlteiche – Grottenhof

43

Bergan, bergab und abschließend zum ländlich-idyllischen Bio-Hofladen Alt-Grottenhof

Zwar heißt die Endhaltestelle Wetzelsdorf, doch sie liegt im Bezirk Eggenberg. (Hand aufs Herz: Wer hat das schon zuvor gewusst?) Folglich betritt man erst südlich der Wetzelsdorfer Straße bzw. Steinbergstraße den Boden des XV. Grazer Gemeindebezirks Wetzelsdorf. Wie aus der Skizze ersichtlich, lassen sich die am Ölberg und Buchkogel liegenden Wanderwege individuell und in unterschiedlicher Weise zu „Spaziergängen mit Tram und Bus" kombinieren.

Ab der Endhaltestelle Wetzelsdorf bis in den Buchkogelsattel folgt man dem **Wanderweg Nummer 7;** das heißt, man spaziert zunächst zum Kreuzungsbereich Steinbergstraße/Krottendorfer Straße und hält sich sogleich an den ab dem Kriegerdenkmal bergwärts führenden **Neupauerweg:** Eine auffallend große Linde steht nächst der Einfahrt des Hauses

Die Spazierstrecke

Gehzeit 2.30 Std.
Anstieg 200 Hm
Abstieg 210 Hm
Weglänge 7,5 km
Buggy-tauglich nur bedingt; am steilen Neupauerweg eine Treppe mit 40 Stufen.

Beim Gasthaus Orthacker

Neupauerweg 3. Man kreuzt alsbald den Erdbergweg, erreicht sodann den Brandau-Hof (Neupauerweg 10), anschließend den Lipp-Hof und schließlich einen Hochbehälter.

Ab dem Haus Am Ölberg 16 folgt man nur noch einem Steig; dieser leitet geradewegs bergan nach **St. Johann und Paul**. Ab hier leitet der Wanderweg Nummer 2 (zunächst noch ein Stück parallel zum

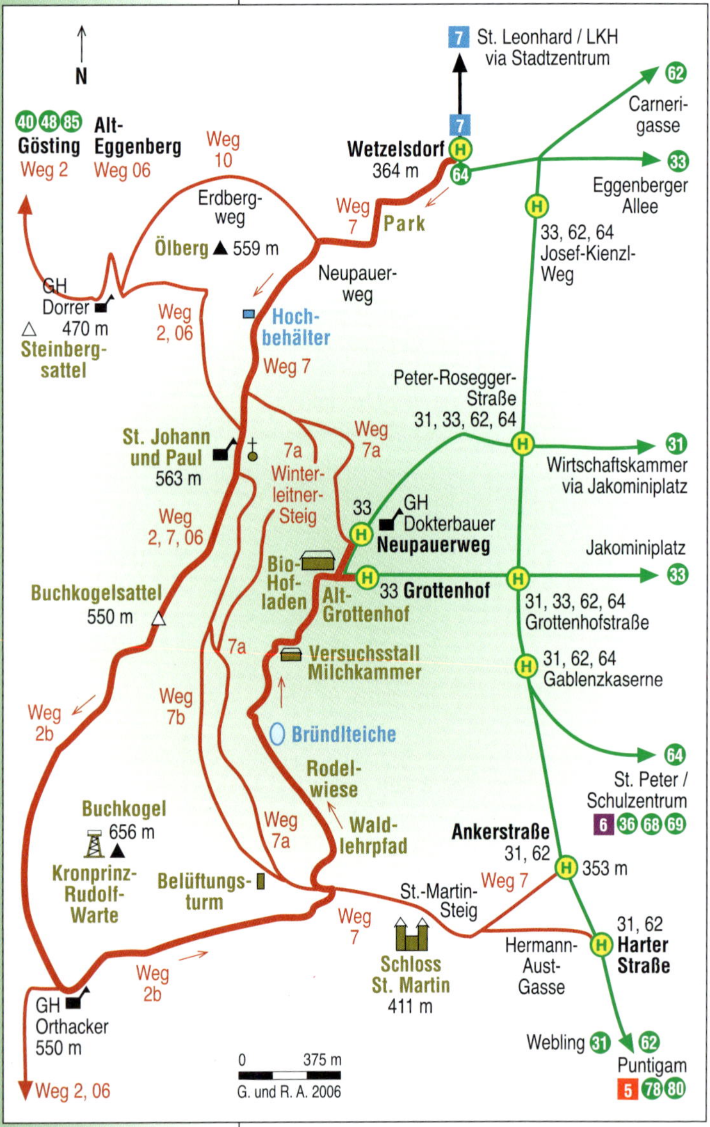

Bevor die Restauratoren kamen: St. Johann und Paul

Weg Nummer 7) südwärts und zum Buchkogelsattel. Aus diesem (daher noch vor der gezimmerten Hangtreppe) zweigt halbrechts der **Wanderweg Nummer 2b** ab; dieser ist identisch mit jener Forststraße, welche an der Westseite des Buchkogels halbwegs eben herumführt und nächst dem **Gasthaus Orthacker** den Kernstockweg bzw. Wanderweg Nummer 2 kreuzt.
Auch ab dem Gasthaus Orthacker folgt man dem Weg Nummer 2b und erreicht schließlich – unweit des oberen Belüftungsturms des Pabutschtunnels – wieder den **Wanderweg Nummer 7**; dieser leitet bergab zu einem großen Wegweiser. Ein schlichter Holzpfeil weist abwärts: Der **Waldlehrpfad** weist zum Waldrand bei der Rodelwiese. Am Rand des Waldes führt ein Flursteig zu den **Bründlteichen;** Rastplatz und Info-Tafel. Man überquert die Straße; im Wald leitet ein Ziehweg zum Areal der Landwirtschaftlichen Fachschule **Alt-Grottenhof.** Beim Lehr- und Versuchsstall ist ein Milchautomat installiert. Eine Flurstraße verbindet zum stattlichen Hauptgebäude (mit dem Bio-Hofladen). Der Ausgang liegt an der Kreuzung Grottenhofstraße/Krottendorfer Straße; unweit davon erreicht man die Bushaltestellen.

Ausgangspunkt
Endhaltestelle Wetzelsdorf; Tramlinie 7; Buslinie 64

Zielpunkte
Haltestellen Grottenhof oder Neupauerweg; Buslinie 33

Einkehrstätten
Gasthaus St. Johann und Paul; nächst der gleichnamigen Kirche
Gasthaus Orthacker; Am Buchkogel 9
Gasthof Dokterbauer; Krottendorfer Straße 91 bzw. an der Bushaltestelle Neupauerweg

Erlebnispunkte
Beschreibungen siehe auch Teil II.
St. Johann und Paul; Kirche und Gasthaus.
Bründlteiche; Karstquelle am Fuße des Buchkogels; Teich-Lehrpfad; Landschaftsschutzgebiet. Seinerzeit von Mönchen als Fischteiche angelegt.
Alt-Grottenhof; Land- und Forstwirtschaftliche Fachschule, benannt nach Ekkehard Hauer. Mit Bio-Hofladen (Di, Do jeweils 15.30–17.30 Uhr) und Frischmilch-Automat (täglich 0–24 Uhr).

44

Rund um Kehlberg

Schlendern und schauen – nicht zuletzt auch innehalten beim Anblick eines auf Tritt und Schritt so schönen Kulturlandes

Die Spazierstrecke

Gehzeit 2.30 Std.
Anstieg 310 Hm
Abstieg 310 Hm
Weglänge 8 km
Buggy-tauglich mit folgender Umleitung: Zwischen dem GH Orthacker und dem Buchkogelsattel folgt man der mit Wegnummer 2b markierten Forststraße (siehe Skizze bei Spaziergang Nr. 43).

Ausgangspunkt

Haltestelle Webling; Buslinien 31, 62

Zielpunkt

Haltestelle Ankerstraße; Buslinien 31, 62

Das breite, fruchtbare Talbecken von Kehlberg liegt am südwestlichen Stadtrand von Graz und zählt zu jenen Spazierwege-Bereichen, welche ganzjährig gerne aufgesucht werden. Gemeinsam mit dem nordseitig um den Buchkogel führenden Streckenteil verbinden sich insgesamt Sonnen- und Schattenseiten sowie Asphaltflächen und Naturböden in einem jeweils ausgewogenen Verhältnis.
Ab der Bushaltestelle Webling geht man entlang der Straßganger Straße südwärts, jedoch nur bis zu jener Kreuzung, wo die Kärntner Straße einmündet. Aus diesem Kreuzungsbereich biegt man in den **Weiberfeldweg** ein. Das anfangs ebene Gelände fordert zwar ein wenig Willen ab, im „Landstraßenmilieu“ so lange durchzuhalten, bis man den auch von Landwirtschaftsbetrieben durchsetzten Siedlungsbereich von Kehlberg erreicht. Entlang des Gradlbauerweges und der Salfeldstraße erreicht man den **Mantscha-Waldweg,** eine Straße, welche durch ein Waldgebiet zur Stadtgrenze ansteigt; diese verläuft am Höhenrücken. Hier oben leitet der Wanderweg Nummer 2 bzw. der Mariazeller Weg 06 nordwärts zum Gasthaus Orthacker. Nun erfolgt der Anstieg zur Kronprinz-Rudolf-Warte auf dem **Buchkogel;** anschließend spaziert man bergab zum Buchkogelsteig und in den **Buchkogelsattel.** Hier orientiert man sich am Wanderweg Nummer 7 und folgt diesem entlang der Ostseite des Buchkogels:

Kunst und Technik am Wanderweg Nummer 7: Der obere Belüftungsturm des Plabutschtunnels

Man kommt zum oberen Belüftungsturm des Plabutschtunnels und nach einem weiteren Abstieg zum **Schloss St. Martin.** Am waldseitigen Rand des unteren Parkplatzes weist ein Schild zum St.-Martin-Steig. Auf diesem erreicht man die Martinhofstraße und durch die **Ankerstraße** die gleichnamige Bushaltestelle.

Erlebnispunkte

Beschreibungen siehe auch Teil II.

Kehlberg; Siedlungsgebiet und Kulturlandschaft.

Kronprinz-Rudolf-Warte; auf dem Buchkogel.

Schloss St. Martin; mit Kirche; unweit davon ein Waldlehrpfad.

Einkehrstätten

Gasthaus Orthacker; Am Buchkogel 9

Abseits der Hauptroute:

Gasthaus St. Johann und Paul; nächst der gleichnamigen Kirche

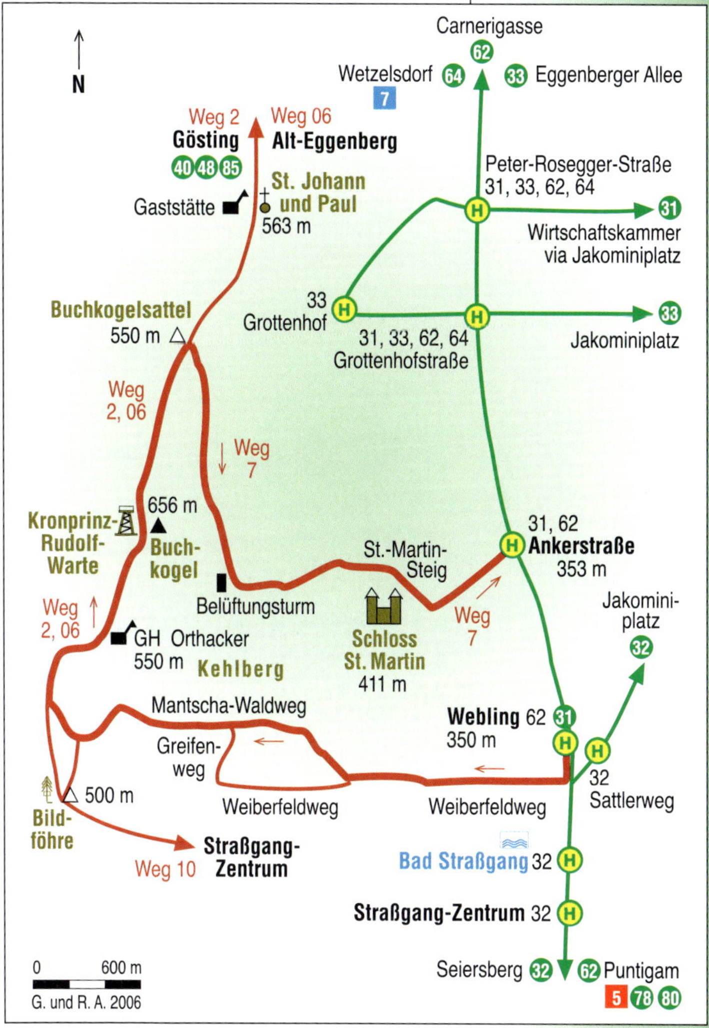

45

Wetzelsdorf – Buchkogel-Südseite – Straßgang

Bergan und bergab: Im Westen von Graz gegen Süden

Im Schlosshof St. Martin

Auch wenn sich bestimmte Flur- und Eigennamen wiederholen, so unterscheidet sich dennoch der Inhalt jedes Spazierganges im Umgebungsbereich des Buchkogels: Reich ist die Auswahl an Pfaden und Steigen; folglich gibt es nahezu unendlich viele Wege-Kombinationen: Beispielsweise setzt sich der nachfolgend beschriebene Spaziergang aus sechs unterschiedlich langen Abschnitten zusammen.
Wie beim Spaziergang Nummer 43 gelangt man von

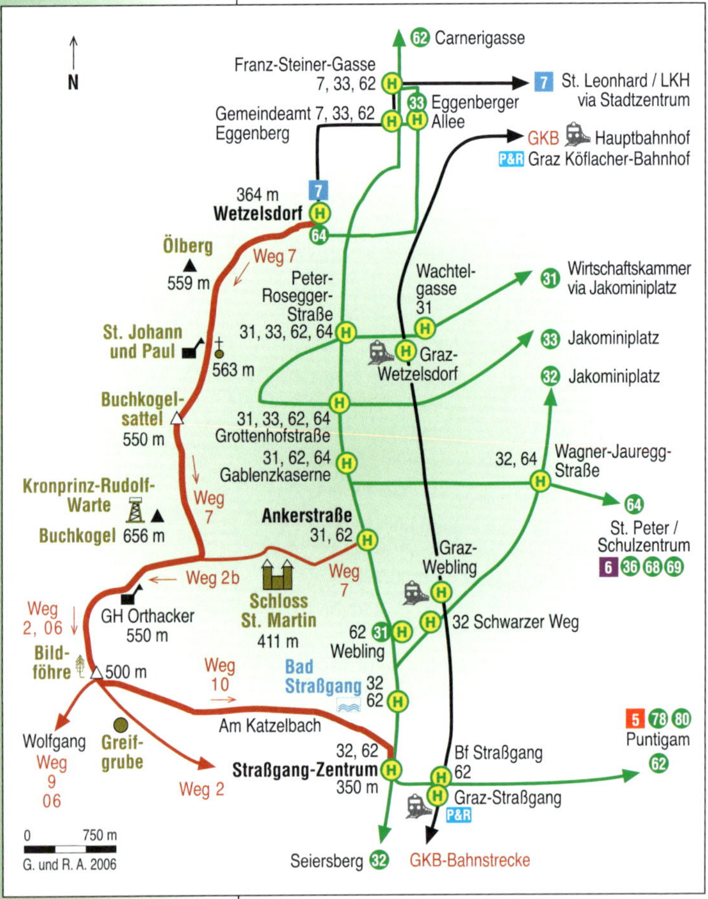

der Endhaltestelle Wetzelsdorf über den Neupauerweg nach **St. Johann und Paul,** wo ein urgemütliches, kleines Gasthaus zum Abrasten einlädt. Auch im zweiten Abschnitt spaziert man entlang des Wanderweges Nummer 7 südwärts und erreicht am bewaldeten Höhenrücken zunächst den **Buchkogelsattel.** Im dritten Teilstück hält man sich an den Wanderweg Nummer 7, dem man aber nur noch bis zum oberen **Belüftungsturm** folgt: Hier zweigt man bergwärts ab und spaziert an der Südseite des Buchkogels bzw. entlang des Wanderweges Nummer 2b zum Gasthaus Orthacker. Im nun fünften Teilstück dieses in Richtung Nord-Süd verlaufenden Spazierganges leitet der Wanderweg Nummer 2 zur **Bildföhre.** Ab dieser markanten Gabelung hält man sich an die Markierung des Wanderweges Nummer 10 und steigt ostseitig, durch ein Waldstück, zum **Katzelbach** ab. Die Am Katzelbach genannte Straße führt talauswärts, dabei nahe an das Straßganger Bad heran und schließlich zur Bushaltestelle Straßgang-Zentrum.

Erlebnispunkte

Beschreibungen siehe auch Teil II.

St. Johann und Paul; Kirche, nächst davon das gleichnamige Gasthaus.

Bildföhre; wichtiger „Wanderwege-Knotenpunkt".

Straßganger Bad; großflächige Erholungslandschaft.

Straßgang und seine Pfarrkirche Maria Elend

Die Spazierstrecke

Gehzeit 3 Std.
Anstieg 310 Hm
Abstieg 330 Hm
Weglänge 10 km
Buggy-tauglich entlang der gesamten Strecke.

Ausgangspunkt

Endhaltestelle Wetzelsdorf; Tramlinie 7; Buslinie 64

Zielpunkt

Haltestelle Straßgang-Zentrum; Buslinien 32, 62

Einkehrstätten

Gasthaus St. Johann und Paul; nächst der gleichnamigen Kirche
Gasthaus Orthacker; Am Buchkogel 9

46

Schloss St. Martin – Mantscha – Wetzelsdorf

Außerhalb der Stadtgrenze um den Buchkogel zum Ölberg

Die Spazierstrecke

Gehzeit 3 Std.
Anstieg 220 Hm
Abstieg 210 Hm
Weglänge 10 km
Buggy-tauglich gesamte Strecke.

Ausgangspunkt

Haltestelle Ankerstraße; Buslinien 31, 62

Zielpunkt

Endhaltestelle Wetzelsdorf; Tramlinie 7; Buslinie 64

Einkehrstätten

Gasthaus Kehlberghof; Kehlbergstraße 83
Buschenschank Strommer; Mantscha 52
Gasthof Dorrer; Steinbergstraße 41

Abseits der Hauptroute:
Gasthaus Stoasteirer; Mantscha 8

Die Mantscha ist ein fruchtbares Hochtal; sie liegt außerhalb der Stadtgrenze und schmiegt sich an die westseitige Flanke jenes großteils bewaldeten Höhenzuges, welcher vom Steinbergsattel über den Ölberg und Buchkogel südwärts streicht und dabei auch jenen Sattel enthält, worin die viel zitierte Bildföhre steht. Nächst deren Standplatz überquert man bei diesem Spaziergang – welcher im Uhrzeigersinn zurückgelegt wird – die Stadtgrenze; man erreicht diese wieder oberhalb des Buschenschanks Strommer.

Bei diesem ausgedehnten Spaziergang folgt man zunächst der **Ankerstraße** zur Martinhofstraße. Durch diese geht man nur kurz südwärts, um alsbald in die Salfeldstraße abzuzweigen. An der nächsten Gabelung hält man sich wieder rechts, folgt zunächst der **In der Kell** benannten Nebenstraße, biegt sodann linkshaltend (!) in die Kehlbergstraße ein und kommt innerhalb weniger Minuten an den Kehlberghof heran. Auf die Kehlbergstraße folgt der **Mantscha-Waldweg;** dieser führt allmählich bergwärts und zur Stadtgrenze.

Nächst der **Bildföhre** weist der Wanderweg Nummer 10 in Richtung Mantscha. Durch Waldgelände steigt man ab zum Gehöft Mantschameier und erreicht unweit davon die Förstlbachbrücke; das kleine Kreuz fehlt seit längerer Zeit. Erneut geht man bergwärts: Zunächst entlang einer Flurstraße zum **Buschenschank Strommer,** anschließend leitet der Wander-

Blick vom Florianiberg über den westlichen Stadtrand von Graz zum Schöckl (ganz rechts)

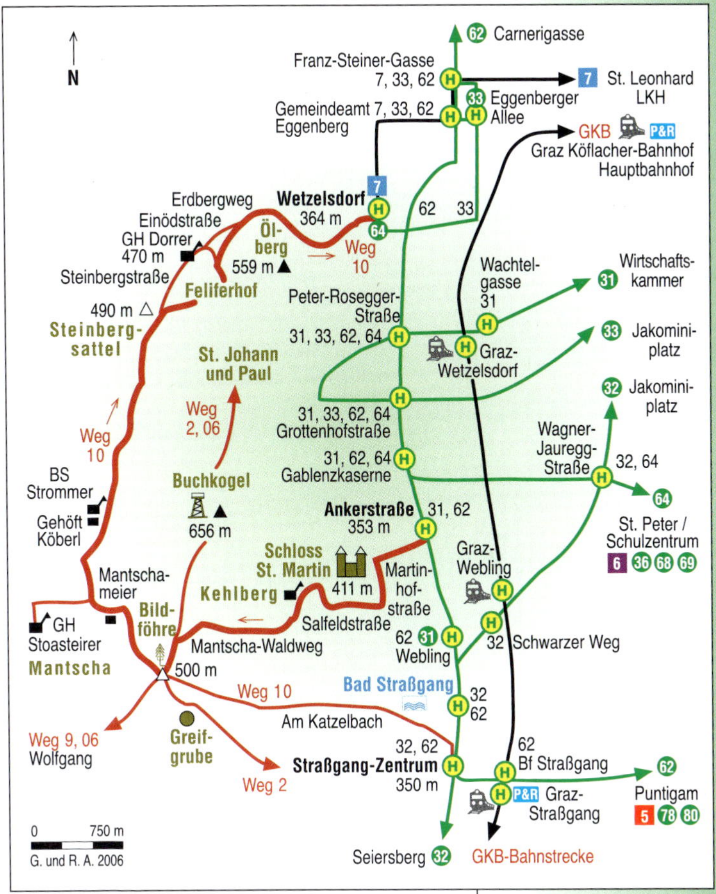

weg Nummer 10 durch ein Waldstück zur Mantschastraße, an welcher man die Stadtgrenze wieder erreicht. Auf Grazer Boden durchquert man den **Mantschawald** nordwärts und gelangt zur Steinbergstraße, der man stadteinwärts kurz folgt. Alsbald zweigt im Siedlungsgebiet Feliferhof der **Hofstättenweg** ab; auf diesem kommt man zum Ölbergweg und auch zum Gasthof Dorrer an der Steinbergstraße.

Die Beschilderung bzw. Markierung des Wanderweges Nummer 10 leitet nordseitig um den Ölberg herum stadtwärts. Man kommt auch durch die Einödstraße und auf dem **Erdbergweg** zum Neupauerweg sowie zum Kriegerdenkmal beim Kreuzungsbereich Steinbergstraße/Krottendorfer Straße. 300 Meter davon entfernt erreicht man die Endhaltestelle Wetzelsdorf.

Erlebnispunkte

Beschreibungen siehe auch Teil II.

Kehlberg; mit dem Schloss St. Martin.

Bildföhre; markanter „Wanderwege-Knotenpunkt“.

Mantscha; von Bauernhand gepflegte Kultur- und Waldlandschaft.

47

Schloss St. Martin – Wolfgang – Straßgang

Die Strecke ähnelt einem Hufeisen – und ein solches gilt als Glücksbringer

Die Spazierstrecke

Gehzeit 3 Std.
Anstieg 250 Hm
Abstieg 240 Hm
Weglänge 9 km
Buggy-tauglich grundsätzlich entlang der gesamten Strecke, jedoch ist es vorteilhaft, im Abschnitt Hochkoflerkreuz – Orthacker den „Oarcherlsteig" (eine Hangtreppe) auf dem parallel führenden Wanderweg Nummer 2b zu umgehen.

Ausgangspunkt

Haltestelle Harter Straße; Buslinien 31, 62

Zielpunkt

Haltestelle Straßgang-Zentrum; Buslinien 32, 62

Einkehrstätten

Gasthaus Orthacker; Am Buchkogel 9
Gasthaus Luderbauer; Eckleitenweg 90
Buschenschank Gahr; Eckleitenweg 82

Ein besonders dicht angelegtes Wegenetz überzieht zwar speziell den Buchkogel, aber auch die sich südwärts fortsetzende Hügelkette enthält zahlreiche bezeichnete Routen, aus denen sich individuelle Wege-Verbindungen zusammenstellen lassen. Beispielsweise mit einem so feinen Schlenkerer wie jenem über Wolfgang.

Ab der Bushaltestelle Harter Straße durchquert man entlang der **Hermann-Aust-Gasse** die bis zur Kreuzung Martinhofstraße/Ankerstraße reichende Wohnsiedlung. Von derselben Kreuzung leitet der **St.-Martin-Steig** durch ein kurzes Waldstück bergan zu einem Parkplatz. Man überquert diesen entlang von Gebäuden und erreicht – teils über kurze Treppen ansteigend – die vor dem **Schloss St. Martin** stehende kleine Schlosskirche. Die Asphaltstraße (benannt Am Weinhang) und auch der teils davon abseits angelegte Wanderweg Nummer 7 führen bergwärts zum Hochkoflerhof. An dessen südseitiger Hausfront steht – von Efeu tief bedeckt – das **Hochkoflerkreuz.** Man spaziert nun auf einem gut trassierten Flurweg an der Buchkogel-Südseite entlang und kommt aus einem Waldstück und über die als **Oarcherlsteig** bezeichnete Hangtreppe an das Gasthaus Orthacker heran.

Dem Wanderweg Nummer 2 folgt man bis zur **Bildföhre** und ab hier dem Weg Nummer 9 bis zum Weiler **Wolfgang.** Anschließend benutzt man den

Unschätzbar wertvoll und erholsam: Spazieren im Mischwald

Wolfgangweg, eine Flurstraße, und geht somit um den **Bockkogel** sonnseitig herum. Man erreicht wieder den Weg Nummer 2 und folgt diesem bis zur so genannten Schaflacke, jenem Kreuzungspunkt, ab welchem – im Bereich der Gemeinde Seiersberg – der **Eckleitenweg** sonnseitig zum Gasthaus Luderbauer und zum benachbarten Buschenschank Gahr verbindet.
Steigspuren leiten durch die Weingartenlandschaft bergan zur Kirche St. Florian auf dem **Florianiberg.** Ein Waldlehrpfad bzw. der Wanderweg Nummer 2 führt bergab zur Kirche in Straßgang und zur Bushaltestelle Straßgang-Zentrum.

Erlebnispunkte

Beschreibungen siehe auch Teil II.
St. Martin; Schloss und Schlosskirche; Waldlehrpfad.
Oarcherlsteig; Hangtreppe, unweit vom GH Orthacker.
Wolfgang; Weiler an der Sonnseite des Bockkogels.
Gedersberg; Siedlungsgebiet mit Spaziergelände („Kirchsteig", Weinhänge).
Florianiberg; mit Kirche St. Florian und Kreuzweg.
Straßgang; Kirche Maria Elend, Waldlehrpfad, Bad Straßgang.

Selbstporträt auf der Kronprinz-Rudolf-Warte

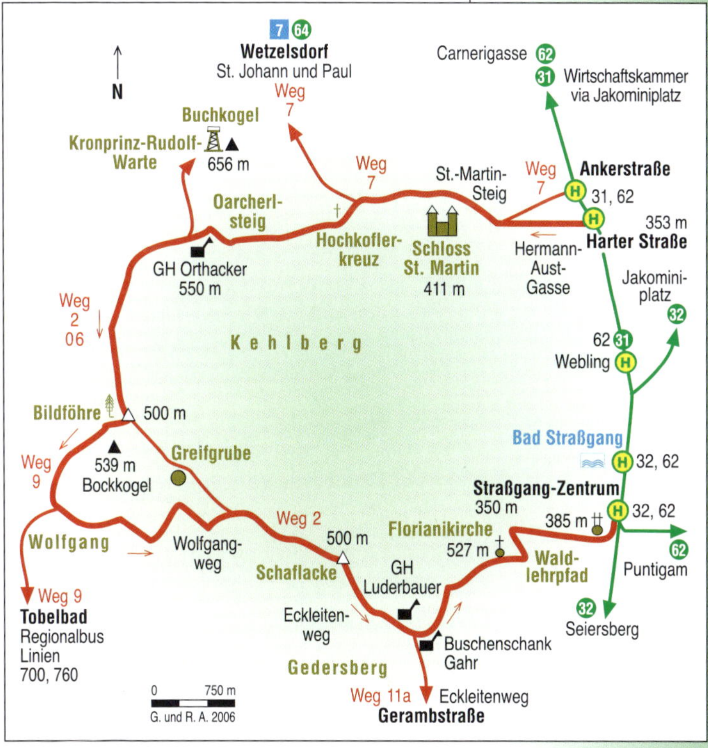

48

Rund um Gedersberg

Schrittweise durch das erholsame Herzstück der Gemeinde Seiersberg

Innig verbunden: Gedersberg und Florianikirche

Gedersberg ist einen „bewussten“ Spaziergang wert: Einmal mehr komponieren natürliche, profane und sakrale Erlebnispunkte eine wertvolle Spazierstrecke. Wie immer liegt es jedoch an der Aufmerksamkeit und vor allem an der Aufnahmebereitschaft des Einzelnen, die derart gebotene Vielfalt wahrzunehmen.

Oberhalb der stattlichen Kirche Maria Elend folgt man der **Florianibergstraße** entlang der Friedhofsmauer nur noch so weit, bis bergseitig der als Waldlehrpfad adaptierte Steig ansetzt; dieser ist identisch mit dem Wanderweg Nummer 2 und leitet steil bergan zur Kirche St. Florian auf dem **Florianiberg.** Westwärts führt ein eher sanft geneigter Wanderweg bergab zum Kreuzungsbereich bei der ehemaligen Schaflacke. Man folgt dem Wanderweg Nummer 2 bzw. Kernstockweg durch Wald, vorbei an der Greifgrube, bis zur **Bildföhre.** Nun hält man sich an den Wanderweg Nummer 9: Alsbald führt

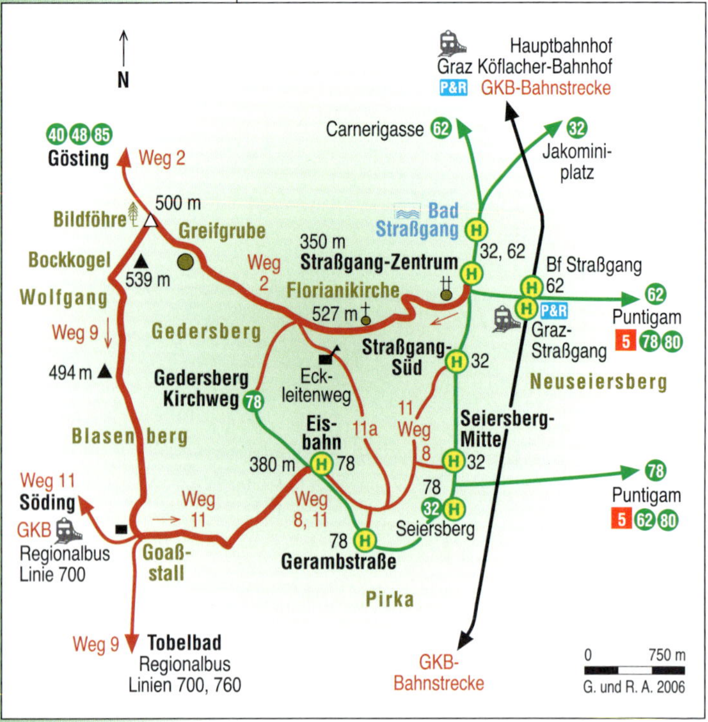

dieser aus dem Wald heraus und leicht bergab zu den Häusern bzw. Höfen im Weiler **Wolfgang.** Südwärts erstreckt sich der lange Höhenrücken des Blasenberges; der Wanderweg ist identisch mit der Flurstraße und man erreicht auf dieser eine Hausruine bzw. beim so genannten **„Goaßstall"** einen markanten Kreuzungspunkt: Der Wanderweg Nummer 11 leitet in Richtung Seiersberg, folglich ostwärts bergab zum **Gepringbach,** wo der Wanderweg Nummer 8 einmündet. Man überquert den Bach und die Straße und spaziert durch Waldgelände zunächst leicht bergan, anschließend leicht bergab und überquert die **Kasparwiese** (Vorsicht, wenn der Kinder-Schilift in Betrieb ist). Nochmals durchquert man ein Waldstück und erreicht aus diesem die Bushaltestelle Eisbahn.

Erlebnispunkte

Beschreibungen siehe auch Teil II.

Straßgang; mit Wallfahrtskirche Maria Elend, Bad Straßgang, Waldlehrpfad.

Florianiberg; mit Kirche St. Florian. An den Richtung Gedersberg liegenden Hängen gedeiht Wein.

Wolfgang; Weiler an der Sonnseite des Bockkogels.

Die Spazierstrecke

Gehzeit 2.30 Std.
Anstieg 200 Hm
Abstieg 170 Hm
Weglänge 8 km
Buggy-tauglich gesamte Strecke.

Ausgangspunkt

Haltestelle Straßgang-Zentrum; Buslinien 32, 62

Zielpunkt

Haltestelle Gedersberg Eisbahn; Buslinie 78

Einkehrstätten

Gasthaus Luderbauer; Eckleitenweg 90
Buschenschank Gahr; Eckleitenweg 82

Von Wald umschlossen: Von weitem ist nur der Turmknauf der Florianikirche zu sehen

49 Um den Florianiberg

In Gedersberg sonnseitig aufwärts und an der Nordseite des Florianiberges heimwärts

An der Stadtgrenze: Vom „Wanderwege-Knoten" Schaflacke ...

... in erholsames Gelände

Diese Spazierstrecke wird im Uhrzeigersinn zurückgelegt, folglich steigt man von Südosten her in Richtung Florianiberg an, fügt sodann westwärts bzw. über Wolfgang eine Schleife ein und kehrt schließlich nordseitig – auf der den Katzelbach entlangführenden Straße – in das Zentrum von Straßgang zurück. Bitte nicht übersehen: Einmal mehr lohnt es, die eine oder andere Variante einzubeziehen und damit die „Hauptstrecke" dieses Spazierganges individuell zu gestalten.

Der Wanderweg Nummer 11 beginnt an der Bushaltestelle **Straßgang-Süd** und ist anfangs – auf Grazer Stadtgebiet – identisch mit der südwärts führenden Seiersbergstraße. Jenseits der Stadtgrenze ist die gleiche Straße nach Erzherzog Johann benannt. In Sichtweite eines Steinbruchs kommt man an den südlichen Ausläufer des Florianiberges heran: Der **Eckleitenweg** bzw. Wanderweg Nummer 11a führt am östlichen Rand des Siedlungsgebietes von Gedersberg aufwärts. Nach dem Buschenschank

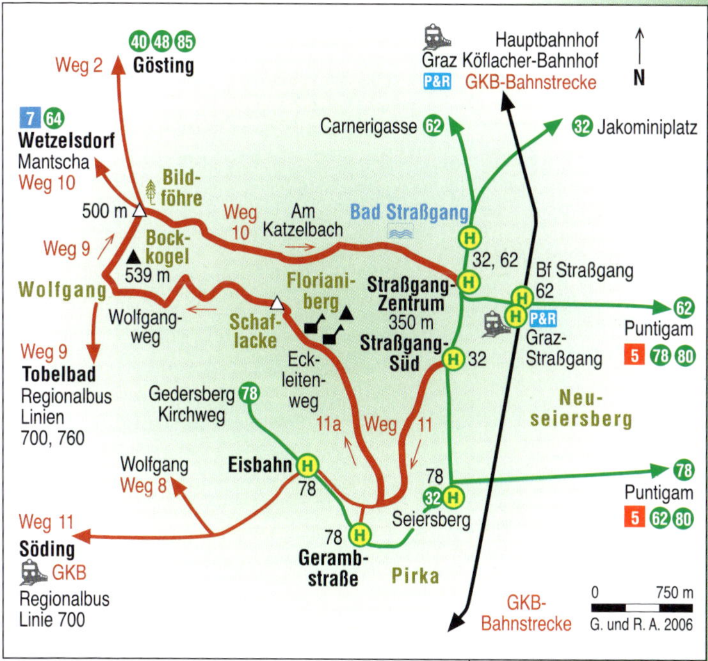

Gahr und dem Gasthaus Luderbauer erreicht man die Straßenkreuzung bei der so genannten **Schaflacke** und damit zugleich die Stadtgrenze. Man folgt nun dem Wanderweg Nummer 2, jedoch nur bis zu jener Gabelung, an welcher der **Wolfgangweg** abzweigt. Die hier ansetzende und zur Bildföhre leitende Schleife verläuft wieder im Gemeindegebiet Seiersberg: Der Wolfgangweg führt um den Bockkogel sonnseitig zum Weiler Wolfgang. Anschließend hält man sich an den Wanderweg Nummer 9, folglich steigt man entlang eines Flurweges leicht an und erreicht innerhalb eines kurzen Waldstückes die **Bildföhre.** Der letze Abschnitt dieser „Wege-Komposition" ist identisch mit dem Wanderweg Nummer 10; dieser leitet ostseitig durch Waldgelände bergab zur Straße **Am Katzelbach** und an ihr entlang zum Straßganger Bad sowie zur Bushaltestelle Straßgang-Zentrum.

Erlebnispunkte

Gedersberg; Wohngebiet an einstigen Weinhängen.
Wolfgang; Weiler mit landwirtschaftlichen Betrieben.
Bildföhre; Kreuzungspunkt mehrerer Wanderwege.
Straßganger Bad; Freizeit- und Erholungszentrum.

Die Spazierstrecke

Gehzeit 2.30 Std.
Anstieg 150 Hm
Abstieg 150 Hm
Weglänge 8,5 km
Buggy-tauglich gesamte Strecke.

Ausgangspunkt

Haltestelle Straßgang-Süd; Buslinie 32

Zielpunkt

Haltestelle Straßgang-Zentrum; Buslinien 32, 62

Einkehrstätten

Buschenschank Gahr; Eckleitenweg 82
Gasthaus Luderbauer; Eckleitenweg 90

50

Kooperations-Partner: Alpenverein Graz und Gemeinde Seiersberg

Gedersberg – Buchkogel – St. Martin

Zum Abschluss auf die Plattform der Kronprinz-Rudolf-Warte: Aussicht zu unendlich vielen Spaziergang-Zielen

Dieser 50. Spaziergang-Tipp wird im Südwesten der Landeshauptstadt Graz vollzogen: In Verbindung mit Wegen, welche auch durch eine Nachbargemeinde führen, und abschließend belohnt der Buchkogel mit jenem umfassenden „Auslug", den die Kronprinz-Rudolf-Warte ermöglicht. So steht dieser 50. Spaziergang-Tipp nicht als Endstück da, sondern soll Impulse wecken und stärken für nächste „Spaziergänge mit Tram und Bus".

An der Bushaltestelle Eisbahn ist am nächst stehenden Strommasten eine kleine Markierungs-Plakette mit Pfeil für den **Wanderweg Nummer 8** erkennbar; man folgt diesem Weg bis Wolfgang: Nach einem kurzen Waldstück, welches man gleich durchquert hat, erreicht man die Kasparwiese (mit Kinder-Schilift). Der Steig führt wiederum durch Wald und darin abwärts in den Gepringgraben. Der **Mantschastraße** folgt man kurz grabeneinwärts zu einer Gabelung und ab dieser zunächst dem Jägerweg. Die Markierung leitet jedoch alsbald links vom Gepringbach weiter: Zunächst entlang eines Waldpfades, danach an einem Flurweg (auf welchem Reiten

Die Spazierstrecke

Gehzeit 3 Std.
Anstieg 300 Hm
Abstieg 330 Hm
Weglänge 8,5 km
Buggy-tauglich in Verbindung mit folgenden zwei Umgehungsstrecken:
a) dem Gepringgraben weicht man aus über den Blasenberg;
b) auf dem Wanderweg Nummer 2b umgeht man den Oarcherlsteig.

Die ländliche Note von Gedersberg: Im Gepringgraben

verboten ist) in den Schluss des Gepringgrabens. Nach dem letzten Wohnhaus hält man sich an den Waldweg und erreicht mit einem Anstieg den Weiler **Wolfgang.** Am Bockkogel folgt man sonnseitig einem Flurweg und gelangt nach einem kurzen Waldstück zur **Bildföhre.** Ab hier folgt man dem Wanderweg Nummer 2 und steigt vom Orthacker bergan zum **Buchkogel** bzw. zur **Kronprinz-Rudolf-Warte:** Auf deren Plattform genießt man einen über das Stadtgebiet bis zum Schöckl reichenden Ausblick.

Man kehrt zurück zum Gasthaus Orthacker – im südseitigen Hausgiebel trägt eine alte Tafel die Aufschrift „Gasthaus zum Eichberger" – und folgt nun dem **Buchkogelsteig Süd** bzw. dem **Oarcherl-**

Ausgangspunkt

Haltestelle Gedersberg Eisbahn; Buslinie 78

Zielpunkt

Haltestelle Ankerstraße; Buslinien 31, 62

Einkehrstätte

Gasthaus Orthacker; Am Buchkogel 9

steig. Nach dem steileren Waldstück führt dieser Steig halbwegs eben am Weinhang entlang und zum Hochkoflerhof. An dessen südöstlicher Hausecke steht von Efeu überrankt – das **Hochkoflerkreuz.**

Man folgt nun einer Straße bzw. dem Wanderweg Nummer 7 bergab zum Schloss St. Martin. Über Stiegen erreicht man den unteren Parkplatz und auf dem kurzen **St.-Martin-Steig** die Kreuzung Martinhofstraße/Ankerstraße. Unweit davon liegt die Bushaltestelle Ankerstraße.

Erlebnispunkte

Beschreibungen siehe auch Teil II.

Kronprinz-Rudolf-Warte; auf dem Gipfel des Buchkogels.

Oarcherlsteig; Hangtreppe am Wanderwegabschnitt GH Orthacker – Am Weinhang. Errichtet vom Technischen Hilfsdienst Graz im Herbst 2001, renoviert 2004 von der Berg- und Naturwacht.

Schloss St. Martin; Bildungs- und Kulturzentrum.

Schlosskirche; davor steht ein aus Sölker Marmor geformtes Indianisches Sonnenrad: Zur Winter-Sonnenwende dringt durch das Achsenloch das Licht der aufgehenden Sonne. Das Sonnenrad ist das erste Objekt einer geplanten, bergwärts führenden „Kulturmeile St. Martin“.

St.-Martin-Steig; Fußweg zwischen dem Schloss St. Martin und der Kreuzung Ankerstraße/Martinhofstraße/Hermann-Aust-Gasse. Errichtet im Erzherzog-Johann-Jubiläumsjahr 1982 von der Berg- und Naturwacht.

Aus dem Gepringgraben zum Gedersberg

Erlebnispunkte in Graz und Umgebung

Viel Sehenswertes und ein wenig Kurioses

Zusammengestellt unter dankenswerter Mitwirkung von Heribert Szakmary, Bildungsreferent im „Fremdenführer-Club für Graz und die Steiermark"

Die Erlebnispunkte repräsentieren eine Auswahl von Sehenswürdigkeiten in den beiden Bereichen:

1. **Stadtzentrum und äußeres Stadtgebiet**
2. **Außerhalb des Grazer Stadtgebietes**

Alle Erlebnispunkte stehen in Verbindung mit den in diesem Ausflugsführer beschriebenen Spaziergängen.

1. Erlebnispunkte im Stadtzentrum und äußeren Stadtgebiet

Hauptplatz

Spaziergänge Nr. 1 und 2

Nach der bisherigen Lehrmeinung ließ Markgraf Otakar III., nachdem die Markgrafen von Steyr um 1160 Graz in Besitz genommen hatten, südlich des bereits zwischen der Mur und dem Schlossberg bestehenden Straßenmarktes (Erster Sack) den zweiten Markt mit dem riesigen Hauptplatz anlegen. Dieser Platz erstreckte sich dieser Meinung zufolge bis zur heutigen Landhausgasse und wurde erst gegen Ende des 15. Jahrhunderts auf das heutige Ausmaß verkleinert.

Die Nennung eines „forum" aus dem Jahr 1164 war somit bisher mit der Anlage des Hauptplatzes gleichgesetzt worden.

Durch die in den Jahren 2001/2002 durchgeführte archäologische Erforschung des südlichen Platzbereiches wurden gemörtelte Bruchstein-Grundmauern einer Steinbauphase des 13./14. Jahrhunderts sowie Reste von Holzbauten einer Holzbauphase des 12./13. Jahrhunderts aufgedeckt. Bei diesen Grabungen wurde auch eine Grube aus der Zeit um 1000 entdeckt, die mit gut datierbaren Keramikscherben aufgefüllt war.

Erzherzog-Johann-Brunnen auf dem Grazer Hauptplatz

Es ist zu vermuten, dass die Gebäude der Steinbauphase erst im Spätmittelalter zur Zeit Kaiser Friedrichs III. abgetragen wurden. Viele der Bürgerhäuser am Platz sind im Kern noch mittelalterlich, wenn auch die Fassaden später verändert wurden.

Einer der eindrucksvollsten Bauten ist wohl das „Luegg" genannte Eckhaus zur Sporgasse. Es erhielt um 1680 den großartigen Stuckdekor, der die gesamte Fassade wie eine üppige Kletterpflanze bedeckt. Die zum Teil noch spätgotischen Erdge-

Grazer Rathaus

schoßlauben des Lueggs sind für Graz eine Seltenheit. Etliche Häuser an der Platz-Ostseite besitzen großartige Arkadenhöfe.
Das mächtige historistische Rathaus an der Südseite wurde 1893 vollendet und ist bereits der dritte Rathausbau an dieser Stelle.
Die zahlreichen Marktstände erinnern heute noch ein bisschen an das Markttreiben historischer Zeiten.
Seit 1878 schmückt der monumentale Erzherzog-Johann-Brunnen die Platzmitte. Da im Jahre 1872 in Graz endlich ein Wasserwerk in Betrieb genommen werden konnte, waren die technischen Voraussetzungen zur Gestaltung dieses Denkmals als Brunnen gegeben. Die vier, die Statue des „Steirischen Prinzen“ flankierenden Brunnenfiguren symbolisieren die vier Hauptflüsse der alten, noch ungeteilten Steiermark: Mur, Enns, Drau und Sann.

Eines der vier Fluss-Symbole am Erzherzog-Johann-Brunnen

Jakominiplatz

Spaziergang Nr. 1, in Verlängerung vom Geidorfplatz durch den Stadtpark in das Stadtzentrum

Als Kaiser Josef II. Graz im Jahre 1782 zur „Offenen Stadt“ erklärte, durften die Stadtmauern und Stadttore abgebrochen und vor allem die vor den Mauern liegenden Glacisgründe verkauft und verbaut werden.
Diesen Umstand nützte eine wohlhabende und unternehmungslustige Persönlichkeit dieser Zeit: Kaspar Andreas Ritter von Jakomini. Er erwarb den größten Teil der zwischen dem Eisernen Tor und dem Grazbach liegenden Gründe und verkaufte sie parzelliert an die Grazer Bürger mit der Auflage weiter, diese Parzellen zu bebauen. Damit wurde Jakomini zum Schöpfer der nach ihm benannten Vorstadt und des ab 1786 angelegten Jakominiplatzes.

Rondeau auf dem Jakominiplatz

Jakomini ließ sich den mächtigen „Neuhof“ an der Südseite des Platzes errichten, wo er im zweiten Stock wohnte, während das übrige Gebäude als Vorläufer der Hauptpost das Postamt beherbergte. Damit ihm nicht die prächtige Sicht auf die Altstadt und den Schlossberg verstellt werden konnte, ließ er sich grundbücherlich absichern, dass die Häuser an der Nordseite des Platzes für alle Zeiten nur ein Stockwerk hoch sein dürfen. Da sämtliche großspurigen Umgestaltungspläne des Platzes unrealisiert blieben, sind diese „Stadtgrabenhäuser“ heute noch so niedrig! Die auf Kosten Jakominis vom Karmeliterplatz auf den neuen Platz übertragene

Stadtverkehrsknoten Jakominiplatz

Türkensäule wurde allerdings 1928 auf den Platz Am Eisernen Tor versetzt.
Da schon vor der Anlage des Jakominiplatzes die Straßen strahlenförmig vom Eisernen Tor ausgehend nach allen Himmelsrichtungen führten, erhielt der Jakominiplatz seine unregelmäßige Gestalt; hier münden die Gleisdorfer-, Reitschul- und Klosterwiesgasse sowie die Jakoministraße, Schönaugasse und Radetzkystraße ebenfalls strahlenförmig ein.
Ende des 18. Jahrhunderts wurde hier noch die gute, würzige Luft gelobt. Nachdem sich der Platz seit dem 19. Jh. zum Verkehrszentrum der Stadt entwickelt hat, ist hier die Luft natürlich längst nicht mehr so gut!
Gingen hier zuerst von der Post die Kutschen und Fiaker ab, so führte bereits ab 1878 die Pferdetramway vom Jakominiplatz zum Hauptbahnhof. Im Jahre 1878 waren 4400 Meter Gleis verlegt, 1895 bereits zehn Kilometer. Die Gesamtlänge aller Grazer Tram- und Buslinien beträgt gegenwärtig rund 200 Kilometer.
Durch den Neubau des Steirerhofs (1990–1992) nach Plänen des Wiener Architekten Adolf Krischanitz erhielt die Ostseite des Platzes ein „futuristisches“ Aussehen. Die Platzfläche selbst wurde in den Jahren 1994 bis 1996 infolge Neuordnung der Tram-Geleise und Marktstandeln sowie mit der Errichtung eines neuen zweigeschoßigen Rondeaus und einer neuer Beleuchtung zeitgemäß gestaltet.

Der Jakominiplatz auf einen Blick

Das zweigeschoßige Rondeau auf dem Jakominiplatz

Kunsthaus Graz

Spaziergang Nr. 2

„Blue Bubble“ oder „Friendly Alien“ sind zutreffende Bezeichnungen für dieses ausgefallene Bauwerk, dessen Realisierung erst das Kulturhauptstadt-Jahr 2003 ermöglicht hat. Für die Murvorstadt, die früher eher das stiefmütterlich behandelte Stadtviertel jenseits der Mur war, bedeutet das Kunsthaus **die** Aufwertung schlechthin! Das Bauwerk weist im Erdgeschoß ein Restaurant auf und besitzt in der zweiten und dritten Ebene darüber je einen stützenfreien Ausstellungsraum für ständig wechselnde Ausstellungen zeitgenössischer Kunst.
Dieses für Graz architektonische Wahrzeichen steht an der Ecke Südtirolerplatz/Lendkai – nächst der Hauptbrücke und in Rufweite zur Mur-Insel: Nach zwei abgelehnten Projekten wurde für das dritte Projekt der Entwurf der englischen Star-Architekten

Gut getarnt: das Kunsthaus am Lendkai

Peter Cook und **Colin Fournier** ausgewählt. Die Planer dieses außergewöhnlichen Objekts schufen gemeinsam mit dem Unternehmen Architektur Consult die beeindruckende Synthese einer „innovativen Formensprache mit dem historischen Ambiente der Mur-Vorstadt". Die Baukosten für das Kunsthaus betrugen rund 45 Millionen Euro und wurden zu je einem Drittel von der Stadt Graz, dem Land Steiermark und dem Bund getragen.

Wie eine riesige Luftblase schwebt die bläulich schimmernde Gebäude-Hülle über dem verglasten Erdgeschoß. Aus der Oberfläche der „Skin", einer Haut aus 1066 blauen Acrylglasplatten, wachsen die „Nozzles", die markanten Tageslicht-Öffnungen. 925 unter den Acrylglasplatten montierte kreisrunde Leuchten strahlen in der Nacht gleichsam als Riesen-Pixel über die Fassade huschende Bilder und Botschaften aus. In den Obergeschoßen verbinden Brücken den Neubau mit dem „Eisernen Haus", dessen denkmalgeschützte, aus den Jahren 1847/48 stammende Bau-Elemente integriert wurden.

Die „Needle", eine auskragende, rundum verglaste Struktur, bietet eine spektakuläre Aussicht – sowohl auf die Altstadt von Graz als auch in Richtung Schlossberg.

Die Gesamtfläche des Gebäudes beträgt rund 10.000 Quadratmeter, davon sind ca. 3000 Quadratmeter rein als Ausstellungsfläche vorgesehen.

Seit Anbeginn hat sich das Kunsthaus Graz als Ausstellungs-Zentrum von hohem internationalem Ansehen etabliert. (www.kunsthausgraz.at)

Mur-Insel und Mariahilferkirche

Mur-Insel („Acconci-Insel")

Spaziergang Nr. 2

Dieses spektakuläre Objekt wurde im Kulturhauptstadt-Jahr 2003 als eine „Plaza für das 21. Jahrhundert" geschaffen. Nach einer Idee des gebürtigen Grazers Robert Punkenhofer (Art & Idea) entwarf der New Yorker Architekt Vito Acconci, einer der weltweit talentiertesten Künstler, eine Stahlrohrgitter-Konstruktion, welche eher einem Schiff ähnelt und nördlich des Domenig-Mursteges inmitten der Mur ankert.

Die futuristisch anmutende Mur-Insel wiegt 450 Tonnen und hat die Gestalt einer Muschel und diese birgt ein Amphitheater. Unter dem rund geformten „Dom" ist ein Café installiert. In der Verdrehung zwischen diesen beiden Formen entstand eine phan-

tasievoll eingerichtete kleine Spiel-Landschaft für Kinder. Die Gesamtkonstruktion wurde mit Glas, Edelstahl und Gittern adaptiert. Die beiden Stege, welche die Insel mit den Ufern verbinden, sind ebenfalls als Stahlrohrgitter-Konstruktion ausgeführt.
Acconcis Insel hat den Zweck, die Menschen zu ermuntern, den Flussraum Mur optimaler zu nutzen, länger auf dem überaus lebendigen Fluss zu verweilen, aber auch über die Insel – welche nunmehr das 19. Mur-Brückenbauwerk im Stadtgebiet darstellt – den Fluss zu überqueren. Mehr noch: Acconcis Werk ist ein „großes Spiel der Formen und Elemente und der Kommunikation in der Isolation“: Es ist eine aufregende, lebendige und lustvolle „Plaza für das neue Millennium“, auf der sich Leute treffen und diskutieren, spielen und tanzen oder auch sinnieren und sich entspannen können, und zwar am Wasser, auf dem Wasser und im Wasser.

Mur-Insel und Nürnberger Häuser

Schlossberg

Spaziergang Nr. 1

Mit dem Schlossberg besitzt Graz das Wunder eines mitten im Stadtgebiet 123 Meter hoch aufragenden Inselberges. Er besteht aus Dolomitgestein, das sich vor rund 400 Millionen Jahren im Erdaltertum gebildet hat.
Nachdem bereits im 10. Jahrhundert ein kleines Grenzkastell im Bereich der heutigen Stiegenkirche entstanden war, wurde die große Herrschaftsburg auf dem Berggipfel erst zu Beginn des 12. Jahrhunderts errichtet. Unmittelbar danach entstand im Schutze dieser Burg im Bereich der Sackstraße die Burguntersiedlung als erster Markt und als Keimzelle der Stadt.
Ausgelöst durch die immer größer werdende Türkengefahr, wurde ab 1544 die mittelalterliche Burg in jahrzehntelanger Bauzeit durch eine riesige Renaissancefestung ersetzt, die sich etwa 400 Meter lang über den gesamten Berg erstreckte.
Von den Türken niemals belagert, musste sich die Festung erst im Juni 1809 bewähren: Sie widerstand der einmonatigen Belagerung durch die Armee Napoleons!
Die Burg wäre wohl heute noch eine der Hauptattraktionen der Stadt, wäre nicht deren vollständige Zerstörung (Schleifung) eine der Bedingungen des Friedensvertrages mit den Franzosen nach der verlorenen Schlacht bei Wagram gewesen.

Franziskanerkirche mit Schlossberg

Der Herbersteingarten auf der Bürgerbastei

Zur Erinnerung an die erfolgreiche Verteidigung anno 1809: Der nach Major Hackher benannte Löwe

Grazer Wahrzeichen: Der Uhrturm

Der Glockenturm

Dem Patriotismus der Grazer verdanken wir jedoch die Erhaltung des Uhr- und Glockenturmes, da die Bevölkerung für etwa 3000 Gulden Lösegeld beide Türme vor der Zerstörung bewahren konnte. Die Hausbesitzer unter der Burg legten noch weitere 2000 Gulden dazu, so dass auch die Bürgerbastei, die Stall- und die Fernbergerbastei weitgehend erhalten blieben.
Ab 1839 wurde der völlig kahle, mit Schutt bedeckte Berg auf Initiative des Freiherrn von Welden in einen großartigen Park umgewandelt. Die erhalten gebliebenen Türme, Basteien und Mauerreste erinnern zudem in romantischer Weise an die ehemalige Festung.
Im Berginneren erinnert ein ungefähr fünf Kilometer langes Luftschutz-Stollensystem aus dem Zweiten Weltkrieg an die Schrecken der zahllosen Luftangriffe. Graz war die am meisten bombardierte Stadt Österreichs.

Der Uhrturm

Ein bereits im 13. Jahrhundert an dieser Stelle errichteter Wehrturm wurde um 1560 in die heutige Form gebracht. Fortan konnten alle Grazer aus der Stadt auf die riesigen Zifferblätter schauen (5,4 Meter Durchmesser) und der Feuerwächter vom hölzernen Laufgang aus die Stadt beobachten. Das heutige Uhrwerk stammt aus dem Jahre 1712; kurioserweise sind die Größen der Zeiger vertauscht: Der kleine Zeiger weist auf die Minute, der große hingegen auf die Stunde.
Der Uhrturm ist das charakteristische Wahrzeichen der Stadt Graz.

Der Glockenturm

Nachdem im Jahre 1587 die berühmte, knapp fünf Tonnen schwere, von den Grazern „Liesl" genannte Glocke gegossen war, wurde ein Jahr darauf der Glockenturm errichtet. Dieser Turm sollte als Ersatz für den bereits 1545 abgebrochenen mittelalterlichen Bergfried sein und der romanischen, leider auch nicht mehr erhaltenen Thomaskapelle als Campanile dienen. Sämtliche Stockwerke unter der Glockenstube waren Gefängniszellen und beherbergen heute das Schlossbergmuseum.
Dreimal täglich wird die Liesl – heute natürlich elektrisch – geläutet, und zwar um 7, 12 und 19 Uhr. Die jeweils 101 Glockenschläge erinnern daran, dass die Glocke aus dem Material von 101 im Jahre 1532 erbeuteten türkischen Kanonen gegossen wurde.

Die Stallbastei
Mit dieser eindrucksvollen, 1544 bis 1546 erbauten Bastei wurde der Startschuss zum Ausbau der Burg als riesige Renaissancefestung gegeben. Glücklicherweise blieb gerade diese Bastei weitgehend erhalten und trägt auf ihren über 20 Meter hohen Ziegelmauern noch die Kanonenhütte mit vier Alarmkanonen (heute Dauerleihgaben der Stadt Bruck an der Mur und vom Schloss Spielberg bei Knittelfeld), das Wachgebäude an der Westecke und ein kleines Wachtürmchen an der Ostecke. Im Wachgebäude ist heute das Garnisonsmuseum untergebracht.

Der Türkenbrunnen
Um die Trinkwasserversorgung der Burg auch für den Fall einer längeren Belagerung sicherzustellen, wurde zwischen 1554 und 1558 der 94 Meter tiefe Brunnenschacht bis zum Grundwasserspiegel der Mur hinabgegraben.

Die Zisterne
Äußerst wichtig war die Wasserversorgung einer Burg. Aus diesem Grund schuf der „Star-Architekt" des 16. Jahrhunderts in Graz, Domenico dell' Aglio auf dem Schlossberg-Plateau eine der größten Anlagen dieser Art in Europa. In einem 14 Meter tiefen und etwa 16 Meter weiten, aus dem Fels des Schlossberges gesprengten Kessel wurden um einen Zentralschacht fünf mit Kuppeln überwölbte Brunnenschächte angeordnet. Die heutige schmiedeeiserne Brunnenlaube wurde 1897 durch den Stadtverschönerungsverein errichtet und im Jahre 2002 von der Stadt Graz um 80.000 Euro restauriert.

Die Kasematten
Sie waren die riesigen, zweigeschoßigen Kellerräume des Schlosshauptmannhauses und wurden um 1578 in den aus dem Felsen gesprengten Halsgraben der mittelalterlichen Burg eingebaut. Nach der Schleifung des Schlosshauptmannhauses im Jahre 1809 blieben nur die zweigeschoßigen Rundbogen-Nischen erhalten. 1937 entstand in der stimmungsvollen Kellerruine die Freilichtbühne. Um diese „wetterfest" zu machen, wurde 1989 das teleskopartig ausfahrbare Dach konstruiert.

Das Starcke-Häuschen
Der ehemalige Pulverturm unter der Westecke der Stallbastei wurde in der Biedermeierzeit durch den

Garnisonsmuseum auf der Stallbastei

Der Türkenbrunnen

Denkmalgeschützt: Die Dachlandschaft der Innenstadt

Der Stadtparkbrunnen von anno 1874

Ein Relikt der alten Hauptbrücke: Die Brückenfigur Styria residiert nunmehr im Stadtpark

Rechts: Ein Wahrzeichen im Gemeindegebiet Stattegg: Die Kapelle von Buch

Grazer Privatmann Bonaventura Hödl zu einem pittoresken Winzerhäuschen umgestaltet. Seinen Namen verdankt es dem Umstand, dass hier Ende des 19. Jahrhunderts der berühmte, zeitweise auch in Graz engagierte Dresdener Hofschauspieler Gustav Starcke seine Sommerferien verbrachte. Seit 1996 wird der romantische Bau gastronomisch genutzt.

Stadtpark

Spaziergang Nr. 1

Erst als Graz durch das Edikt Kaiser Josefs II. 1782 zur „Offenen Stadt" erklärt war, durften die Glacisgründe anderen Zwecken zugeführt werden. So hat 1787 der ständische Bauinspektor Johann Heinrich Formentini auf den Stadtgrabenwällen Rosskastanienbäume gepflanzt und mit seiner „Damm-Allee" bereits vor mehr als 200 Jahren den Grundstein für den herrlichen Park gelegt. Ein großer Teil des Glacis wurde aber noch in der zweiten Hälfte des 19. Jahrhunderts von der Grazer Garnison als Exerzierplatz genutzt und bot einen trostlosen Anblick.
Der Initiative des damaligen Bürgermeisters Moritz Ritter von Franck ist jedoch die Schaffung des Grazer Stadtparks im heutigen Ausmaß zu danken, denn erst durch langwierige Verhandlungen mit den Militärbehörden konnte durch den Erwerb des Feliferhofes in Wetzelsdorf das Ersatzgrundstück für das militärische Übungsgelände gefunden werden. Nun konnte ab 1869 die großzügige Bepflanzung des gesamten Glacisgeländes beginnen. Es wurde ein Park im Stil eines englischen Landschaftsgartens mit malerischen Baumgruppen, Solitärbäumen und weiten Rasenflächen geschaffen.
Den gestalterischen Höhepunkt erhielt der Park durch die Aufstellung des „Kaiser-Franz-Josef-Brunnens" im Jahre 1874. Dieser nach dem Vorbild der beiden Brunnen auf der Pariser Place de la Concorde gestaltete Brunnen war ein viel bewundertes Exponat Frankreichs auf der Wiener Weltausstellung 1873. Der Brunnen wurde um 31.500 Gulden, die zur Hälfte durch Spenden der Grazer aufgebracht wurden, für Graz erworben.
Viele, teils monumentale Denkmäler zieren den Park, wie die Marmor-Monumente für Moritz Ritter von Franck, Anastasius Grün und Robert Hamerling.
Anstelle des 1948 aufgelassenen Stadtparkcafés wurde ab 1960 das „Forum Stadtpark" errichtet, das die bekannte Künstlervereinigung gleichen Namens beherbergt.

Aussichtsreich: Die Kronprinz-Rudolf-Warte auf dem Buchkogel

Am Weg Nummer 7: Der obere Belüftungsturm

Der Hochkoflerhof am Weinhang

Baierdorf

Spaziergang Nr. 39

Die in den 14. Grazer Gemeindebezirk Eggenberg aufgegangene Katastralgemeinde Baierdorf hat ihren Namen von der bairischen Besiedlung, die nach dem Sieg Ottos über die Ungarn (955: Schlacht auf dem Lechfeld) in dieser Gegend möglich wurde. Baierdorf wird bereits 1147 als Aribonenbesitz genannt; sakraler Mittelpunkt ist die am Fuß des Gaisbergs erhöht stehende Allerheiligenkirche. Ihr Hochaltarbild, eine Marienkrönung mit allen Heiligen, stammt vermutlich aus der in der josefinischen Zeit abgebrochenen Grazer Klosterkirche der Klarissinnen.

Buchkogel (656 m)

Spaziergänge Nr. 36, 42–44 und 50

Das Gelände am Buchkogel entrückt den Spaziergänger in eine anmutige Landschaft, deren Mischung aus Kultur- und Naturraum lebensfrohe Zeiten ahnen lässt: Zur Linken die Riede mit einstigen Weingärten, rechter Hand gut begehbare Waldböden. Hier lässt es sich nach Herzenslust spazieren, auch wenn die Technik mit allen Mitteln wahre Mahnmale setzte: Inmitten des Buchkogels bewegt sich eine Hauptverkehrs-Schlagader nord- und südwärts. Der Plabutschtunnel mündet in Webling aus dem Berg.

Die Plabutschtunnel-Belüftungstürme

An zwei Stellen des Plabutsch-Autobahntunnels, weiter nördlich, auf dem Gaisberg, und hier am ostseitigen Buchkogelhang, wurden die notwendigen, aber ebenso unübersehbaren Be- und Entlüftungsbauwerke errichtet. Die farbige Gestaltung dieser Betonbauwerke zur besseren Integration in die Umgebung wurde vom Grazer Künstler Jorrit Tornquist entworfen.

Hochkoflerhof und Hochkoflerkreuz

Am Südhang des Buchkogels errichtete der Grazer Ratsbürger Georg Faschang im Jahre 1668 ein stattliches Weingut, heute Hochkoflerhof genannt. Das den ehemaligen Weingärten zugewandte Wegkreuz wird Hochkoflerkreuz genannt. Der Zugang erfolgt am kürzesten vom Schloss St. Martin.

Burgruine Gösting (574 m)

Spaziergänge Nr. 32, 33 und 35

Dass die stattlichen Mauern dieser Burg heute gefahrlos bewundert werden können, ist einem Verein idealistisch gesinnter Burgenfreunde zu danken, die sich seit mehr als 70 Jahren der Erhaltung dieses Bauwerkes annehmen.

Die Burg entstand zu Beginn des 12. Jahrhunderts gleichzeitig mit dem Bau der Burg auf dem Grazer Schlossberg. Die Göstinger Burg wurde aber im 16. Jahrhundert nicht mehr weiter ausgebaut, damit sie von den Türken nicht als Bollwerk gegen Graz benutzt werden konnte. Im Jahre 1723 infolge eines Blitzschlags abgebrannt, wurde die Burg dem Verfall überlassen. Ab 1707 besaßen die Grafen Attems die Burg, 1998 erwarb der Grazer Bäcker Hubert Auer den Burgberg samt der Burg von der Familie Attems.

Im Zuge der Errichtung der Südbahnstrecke im Jahre 1842 wurden Mauersteine der Burg gar in den Unterbau der am Fuße des Jungfernsprunges entlangführenden, hochwassersicher trassierten Strecke eingearbeitet.

Zu den heute eindrucksvollsten Bauteilen der Burgruine zählen der wiederhergestellte zinnenbekrönte Bergfried und die spätromanische doppelgeschoßige Burgkapelle, die seit 1954 wieder das steile Schindeldach trägt, welches vom Burgverein in den Jahren 1997/1998 aufwändig erneuert wurde.

Von der mit Lauben geschmückten Terrasse der ganzjährig geöffneten Burgtaverne genießt man einen wahrhaft einmaligen Ausblick auf die Landeshauptstadt Graz.

Einsiedelei

Spaziergänge Nr. 37, 38 und 41

Die Einsiedelei war eine kleine, überaus beliebte Gaststätte am Osthang des Plabutsch, am oberen Ende des Einsiedeleigrabens bei Algersdorf. Heute erinnern an diese Einkehrstätte „im tiefsten Waldesdunkel" nur noch ein Bruchsteinfundament und einige Steinstufen. Auch die einst plätschernde, gefasste Quelle ist versiegt.

Eggenberg

Spaziergänge Nr. 37–41

Der 14. Bezirk Eggenberg bildet, städtebaulich geschickt gelöst, den westlichen Übergang aus dem industriell geprägten Stadtbereich in die stadtnahe

Von der Burgruine Gösting ...

... zum Jungfernsprung

Von der Nothelferkirche auch in Richtung Einsiedelei

Erholungslandschaft. So bietet die Tramhaltestelle Alt-Eggenberg einen zentralen Ausgangspunkt in Richtung Plabutsch. Als Erlebnispunkt hervorzuheben ist das Schloss Eggenberg (siehe dort).

Feliferhof am Steinbergsattel (480 m)

Spaziergänge Nr. 41, 43 und 46

Der ursprüngliche Grazer Exerzier- und Truppenübungsplatz befand sich auf dem Gelände des Glacis, im Nordosten der Altstadt bzw. östlich vom Schlossberg. Erst dank eines Grundtausches und der im Jahre 1869 ermöglichten Verlegung des militärischen Übungsplatzes auf das Gelände des Feliferhofes am Steinbergsattel konnte der Grazer Stadtpark in seinem heutigen, großzügig angelegten Umfang realisiert werden.

Vom Florianiberg über das Stadtgebiet zum Schöckl

Florianikirche auf dem Florianiberg (527 m)

Spaziergänge Nr. 36, 47 und 48

Erzherzogin Maria von Bayern stiftete Ende des 16. Jahrhunderts auch diese Kirche. Heute steht die auf der Gipfelkuppe des Florianiberges errichtete Kirche inmitten hohen Waldes. Das Innere der Kirche wird von qualitätsvollem Stuck und den Fresken des Grazer Malers Matthias Echter bestimmt, die sehr anschaulich das Leben des Kirchenpatrons schildern. Nach dem Großbrand in der Grazer Innenstadt, der 1670 den Dritten Sack verheert hatte, wurde die Kirche zum viel besuchten Wallfahrtsort. Alljährlich findet heute noch am Sonntag nach dem 4. Mai das Florianifest statt.

Nunmehr ist dieselbe Tafel am „Schneckenbau" eingemauert

Fürstenstand auf dem Plabutsch (754 m)

Spaziergänge Nr. 36–38

Erzherzog Johann führte 1830 seinen Bruder, Kaiser Franz I., dessen Frau Caroline und den Herzog von Reichstadt auch auf den Plabutsch, wo die „fürstliche Herrschaft" von der schönen Natur und der herrlichen Aussicht entzückt war. Bereits 1839 entstand die erste aus Holz konstruierte Warte, die in Erinnerung an den hohen Besuch „Fürstenstand" benannt wurde. Der zweite Aussichtsturm, ein steinerner „Schneckenbau", wurde 1852 errichtet und dieser wiederum 1888 durch eine vom Steirischen Gebirgsverein gebaute Warte ersetzt.

Der heutige Fürstenstand, ebenfalls ein steinerner Schneckenbau, wurde vom Deutschen und Oesterreichischen Alpenverein (DuOeAV) errichtet. Im

Zweiten Weltkrieg diente der Fürstenstand als Flakstellung und damit zur Fliegerabwehr.
Eine schlichte, über der Plattform an der Turminnenwand angebrachte Marmortafel von 1998 trägt das Vereinsemblem des DuOeAV und die Inschrift:
„Erbaut im Jahre 1839 – Erneuert 1937".

Haidegg, Landwirtschaftsschule

Spaziergänge Nr. 18, 19

Sie entwickelte sich aus dem Gutsbesitz Marienhof, der zuletzt dem Fürsten Alexander Schönburg gehörte und im Jahr 1940 vom Land Steiermark zur Unterbringung einer landwirtschaftlichen Schule erworben wurde. Heute befindet sich hier auch die Verwaltung der Landwirtschaftlichen Versuchsstation für Obst- und Weinbau.

Am Gaisbergsattel: Die Steinsäule „Herrgott auf der Wies"

Herrgott auf der Wies im Gaisbergsattel (527 m)

Spaziergänge Nr. 36, 38, 40 und 41

Seit 1840 steht im Gaisbergsattel der Steinpfeiler mit der Sandsteinfigur des „Herrgotts auf der Wies".
Über den Gaisbergsattel, durch den die Stadtgrenze verläuft, führt die kürzeste Fußweg-Verbindung aus dem westlichen Grazer Stadtrandgebiet in die Gemeinde Thal: von der Haltestelle Baierdorf (Tramlinie 7) zur Endhaltestelle Thalersee (Buslinie 48).

Vom Hilmteich in den Leechwald

Hilmteich

Spaziergänge Nr. 14–16

Der Hilmteich entstand aus einem ehemaligen Ziegelteich, der nach der Trockenlegung des hinter dem Glacis gelegenen Breunerteiches um die Mitte des 19. Jahrhunderts in die heutige Form gebracht und mit prächtigen Gartenanlagen umgeben wurde. Zusammen mit einem mit zwei Türmchen versehenen Restaurationsgebäude, dem Hilmteich-Schlössel, entwickelte sich der Hilmteich zum Nobeltreffpunkt der Stadt. Schon im 19. Jahrhundert trug der Teich während der warmen Jahreszeit eine Flottille von Kähnen und im Winter wurde emsig Schlittschuh gelaufen.
Nach wie vor sind die Uferwege um den Hilmteich und die Umgebung mit dem Leechwald ein überaus beliebtes Spaziergelände: Am Hilmteich beginnt der informative „Waldlehrpfad Leechwald"; dieser führt bis St. Johann.

Hilmwarte

Spaziergänge Nr. 14–16

Auch der im Jahre 1888 erbaute, zirka 30 Meter hohe Aussichtsturm ist – so, wie die Errichtung vieler anderer bekannter Grazer Bauten – der großzügigen Förderung der Steiermärkischen Sparkasse zu verdanken. Für viele Grazer war der Turm eine heute kaum mehr vorstellbare Attraktion: 182 Stufen führten zur Aussichtsplattform. Die Turmwärterin bot Champagner an und verteilte an kunstsinnige Besucher Blätter mit von Peter Rosegger verfassten Versen. 1985 wurde das romantische Turm-Obergeschoß für eine Außenstelle des Instituts für Angewandte Systemtechnik der Forschungsgesellschaft Joanneum umgebaut und für physikalische Messungen (Wetterradar) adaptiert.

Traditionsreich: Die Einkehrstätte auf der Hubertushöhe

Hubertushöhe (562 m)

Spaziergang Nr. 38

Diesen Namen bekam der ehemalige „Vorderplabutsch“ oder „Kleine Plabutsch“ im Jahre 1925 anlässlich der Eröffnung des Gasthauses „Zur Hubertushöhe“. Das Gasthaus liegt auf halber Höhe an der Südostseite des Plabutsch, bietet eine vorzügliche Übersicht auf die nahe Stadt und ist aus Eggenberg über den Weingartenweg bequem erreichbar. (Siehe auch Kernstockwarte.)

Der Jungfernsprung

Jungfernsprung (530 m)

Spaziergänge Nr. 32, 33 und 35

Der Name geht auf die Sage von der unglücklichen Anna von Gösting zurück. Der zufolge stürzte sich Anna um das Jahr 1260 vom Felsen, als ihr Geliebter im Zweikampf fiel.
In den Jahren 1932 und 1933 wurde vom Göstinger Burgverein eine Steiganlage zu dieser „wildromantischen Felsklippe“ geschaffen. Diese Aussichtskanzel bietet eine großartige Fernsicht vor allem nach Norden, so auf die Stadtrandsiedlung Raach und das Murkraftwerk bei Weinzöttl, weiters auf den Kanzelkogel, den Schöckl und über das nordwestliche Grazer Bergland bis zum Hochschwab.

Kalvarienberg (381 m)

Spaziergang Nr. 2

Sieben steinerne Wegsäulen führen aus der Stadt zum Kalvarienberg, einem zweiten, unvermittelt aus

dem Grazer Becken aufragenden Inselberg. Dieser Grünschieferfels trug einst vielleicht auch eine kleine Befestigungsanlage, wurde aber durch den Einfluss der Jesuiten ab Beginn des 17. Jahrhunderts zur viel besuchten Andachtsstätte. Die erst im 19. Jahrhundert vollendete Kalvarienberganlage mit der Kirche, den zahlreichen Kapellen und Steinstatuen und der Kreuzigungsgruppe auf dem Berggipfel zählt zu den bedeutendsten dieser Art in Österreich. In den Jahren 2001/2002 wurde die gesamte Anlage großzügig restauriert.
Dieser „Berg der Hoffnung" ist über zwei Aufgänge, zwischen 8 und 19 Uhr, frei zu betreten.

Der Kalvarienberg

Kernstockwarte auf der Hubertushöhe (562 m)

Spaziergang Nr. 38

Dieser Aussichtsturm wurde in den Jahren 1928/29 vom Verschönerungsverein Eggenberg mit Spenden von Grazer Bürgern errichtet, nachdem der Grundbesitzer und Betreiber des Gasthauses Hubertushöhe, Franz Xaver Schönach, den Baugrund für die Warte kostenlos zur Verfügung gestellt hatte. Als Vorbild für den Turm mit seiner Schneckenstiege diente der Fürstenstand.
Die frei zugängliche Kernstockwarte, die sich in einem realtiv guten Zustand befindet, steht am Waldrand und wird von Buschwerk umstanden, so dass der vom Gasthaus heranführende Zugang erst im letzten Moment den Blick zur Warte freigibt.
Die Kernstockwarte steht nächst dem Gasthaus

Von Dickicht umgeben: Wer befreit die Kernstockwarte aus dem Dornröschenschlaf?

Hubertushöhe; erreichbar entweder über den Weingartenweg oder – ausschließlich zu Fuß – auf dem Karolinenweg.

Der Kernstockweg: Durchgehend mit der Nummer 2 markiert

Kernstockweg

Spaziergang Nr. 36

Er ist mit 16 Kilometern der längste, außerdem aber auch bekannteste Höhenspaziergang im Wanderwegenetz westlich der Mur. Der Kernstockweg wurde im Jahre 1925 vom Steirischen Gebirgsverein gemeinsam mit dem Verschönerungsverein Eggenberg angelegt und nach dem hoch geschätzten Dichter und Vorauer Augustiner-Chorherrn Ottokar Kernstock benannt.

Von Stadtbaumeister Wolf anno 1879 erbaut: Die Kronprinz-Rudolf-Warte

Kronprinz-Rudolf-Warte auf dem Buchkogel (656 m)

Spaziergänge Nr. 36, 42, 44 und 50

Bereits um 1840 wurde auf dem Gipfel des Buchkogels ein gezimmerter Aussichtsturm errichtet. Hingegen wurde die heute noch bestehende Warte im Jahre 1879 vom Steirischen Gebirgsverein aufgestellt und nach dem Thronfolger, dem Kronprinzen Rudolf, benannt. Auf einem dreieckigen Betonfundament erhebt sich ein eiserner, insgesamt elf Meter hoher Turm mit einer eisernen Wendeltreppe, die auf eine kreisrunde Aussichtsplattform führt. Um die Erhaltung der Rudolfswarte haben sich auch die stets hilfsbereiten Männer der Berg- und Naturwacht Graz große Verdienste erworben.

Landeskrankenhaus (Universitäts-Klinikum)

Spaziergänge Nr. 16 und 19

Trotz großer Widerstände in der Grazer Bürgerschaft wurde das Landeskrankenhaus zwischen 1902 und 1912 auf den damals stadtfernen Graf-Schönbornschen Gründen als Universitätskrankenhaus errichtet. Als eine Art „Stadt für Kranke" wurden damals auf einem parkartig gestalteten Gelände 43 Flachdach-Pavillons und eine kuppelbekrönte Anstaltskirche im Jugendstil errichtet. Das LKH galt zur Zeit seiner Errichtung als das größte Allgemeinspital Europas und hat – trotz zahlreicher Umbauten – seinen Jugendstilcharakter bis heute bewahrt. In der Gegenwart werden am LKH täglich rund 4000 Patienten betreut; der Personalstand umfasst rund 3000 Dienstposten.

Leechwald

Spaziergänge Nr. 14–16

Dieses unmittelbar an den Hilmteich angrenzende Waldgebiet wurde 1868 von den Grafen Attems erworben, die sich hier eine „Villa Leechwald" erbauen ließen.

1900 erwarb ein Wiener Bauunternehmer und Spekulant namens Wünsch diese Liegenschaft mit dem Hintergedanken, aus der Schlägerung des Waldes, der Parzellierung und der Schaffung von Bauplätzen Profit zu schlagen. Nach langwierigen Verhandlungen gelang es 1907 der Stadt Graz, gemeinsam mit der damaligen „Gemeindesparkasse", die den Kaufpreis bezahlte, den Leechwald zu erwerben und damit für alle Zeiten für die Öffentlichkeit zu retten.

Auf dem Roseggerweg durch den Leechwald

Lustbühel und Petersbergen

Spaziergänge Nr. 19 und 20

Die Lust, am Bühel sonntags zu spazieren, reicht in die Biedermeierzeit zurück. Seit der Eingemeindung im Jahre 1938 verläuft die Stadtgrenze im Südosten von Graz den Höhenrücken von Petersbergen entlang bis nahe vor die Kirche von Hohenrain, die bereits auf dem Boden der Gemeinde Hart steht (siehe St. Rupert am Hohenrain).

Von Petersbergen erstreckt sich stadteinwärts ein nächster Rücken. Auf ihm stehen zwei sehenswerte Objekte:

Das Schloss Lustbühel

Der barocke Ansitz in beherrschender Lage wurde um das Jahr 1907 im neugotischen Stil umgebaut, wobei unter anderem die barocke Zwiebelhaube des Schlossturmes durch eine Zinnenbekrönung ersetzt wurde. 1939 erwarb die Stadt Graz das Schloss und richtete darin ein Säuglingsheim ein. Seit 1969 ist im Schloss auch ein Kindergarten untergebracht.

Lustbühel: Das Schloss …

Das Observatorium Lustbühel

Der Plan, beim Schloss Lustbühel eine Universitäts-Sternwarte zu errichten, geht auf das Jahr 1943 zurück. Aber erst 1972 wurden hier neben einer Sternwarte des Instituts für Astronomie auch Teile der Institute für Meteorologie und Geophysik der TU-Institute für Nachrichtentechnik und Wellenausbreitung sowie für Landvermessung und Photogrammetrie eingerichtet. Die Sternwarte besitzt ein 40-cm-Teleskop für Lehrzwecke und eine Satelliten-Emp-

… und das gleichnamige Observatorium

fangsanlage. Außerdem befinden sich im Haus Einrichtungen des Institutes für Weltraumforschung der Österreichischen Akademie der Wissenschaften.

Mariagrün: Hochzeitskirche Peter Roseggers ...

... und ein Platz innerer Einkehr

Mariagrün (448 m)

Spaziergänge Nr. 3, 5, 7 und 8

Eine interessante Persönlichkeit des 17. Jahrhunderts, der Grazer Gastwirt Hans Friz, der einen Wald und Weingarten in dieser Gegend besaß, gilt als Begründer des idyllisch gelegenen Wallfahrtskirchleins von Mariagrün. Natürlich mischen sich in der Gründungsgeschichte Beweisbares und Legendäres. Die um 1670 errichtete Kirche erhielt erst etwas später ihren Glockenturm und bekam nicht gerade zum Vorteil 1852 eine neoromanische Fassade vorgeblendet.

Mariagrün war der Lieblingsaufenthalt des Bruders von Napoleon, Louis Bonaparte. Als abgedankter König von Holland zog er sich nach Österreich ins Exil zurück und lebte einige Zeit in der Grazer Herdergasse. Bald versammelte er dort einen Kreis von Literaturfreunden und las mit ihnen – mit verteilten Rollen – deutsche, französische und englische Dichtungen. Er war aber auch selbst literarisch tätig und schrieb in Graz einige Romane. In Mariagrün, wohin seine häufigen Spaziergänge führten, erinnert ein Gedenkstein mit einem von ihm verfassten Gedicht in französischer und deutscher Sprache an seinen Aufenthalt.

Übrigens fand im Mariagrüner Waldkirchlein am 13. Mai 1873 die Hochzeit Peter Roseggers mit seiner ersten Frau Anna, der Tochter des Grazer Hutfabrikanten Pichler, statt. Dem bereits zu seinen Lebzeiten berühmtgewordenen Dichter ist auch die Bewahrung des Mariagrüner Waldes zu danken, der 1904 in den Besitz der Stadtgemeinde Graz überging.

Nächst der Kirche beginnt der mit informativen Tafeln gestaltete „Peter-Rosegger-Gedächtnisweg".

Mariatrost (470 m)

Spaziergänge Nr. 11–15

Die Wallfahrtskirche und Basilika

Erst nach der Beilegung langwieriger Streitigkeiten mit der kirchlichen Obrigkeit wegen der Errichtung einer Marienwallfahrtskirche auf dem „Purberg" konnte der Paulinerorden im Jahre 1714 mit dem Kirchen- und Klosterbau beginnen: Nach Plänen des steirischen Baumeisters Andreas Stengg – ver-

mutlich mit Beteiligung seines Sohnes Johann Georg Stengg, Architekt der Stiftskirche in Rein und der Barmherzigenkirche in Graz – entstand eine mächtige, landschaftsbeherrschende und, typisch für eine Wallfahrtskirche, weithin sichtbare doppeltürmige barocke Kreuzkuppelkirche.
Nach der Aufhebung des Paulinerordens durch Josef II. wurden Kirche und Kloster 1846 dem Franziskanerorden übergeben, welcher diese bedeutende Wallfahrtsstätte bis 1996 betreute. Mit 1. November 1996 wurde die Pfarr- und Wallfahrtsseelsorge Weltpriestern übertragen.
Die mächtigen Marmor-Wendelsäulen des Hochaltars wurden aus dem am Kirchenbauplatz gewonnenen grauen Marmor (Schöcklkalk) gefertigt. Im Zentrum des Altars steht die verehrte gotische Marienstatue, die, im 17. Jahrhundert aus dem Stift Rein auf den „Purberg" gebracht, alsbald die Pilgerströme magisch anzog.
Am 28. Oktober 1999 wurde die Wallfahrtskirche von Papst Johannes Paul II. zur „Basilica minor" erhoben.

Die Gottscheer Gedenkstätte

Zur Erinnerung an die alte Heimat der 1941 ausgesiedelten und nach dem Ende des Zweiten Weltkrieges in alle Winde zerstreuten Gottscheer wurde diese Gedenkstätte vom Architekten Eberhart Jäger als Zentralbau mit Hängedach errichtet. Die farbigen Betonglasfenster schuf der Grazer Künstler Franz Felfer.

Das Tramway-Museum

An der Tram-Endhaltestelle Mariatrost.
Im Jahre 1969 wurde begonnen, historisch wertvolle Tramway-Fahrzeuge aufzuspüren, zu restaurieren und der Öffentlichkeit zugänglich zu machen. Im Museum befinden sich nunmehr über 30 Oldtimer-Straßenbahnen. Sonderfahrten sowie geführte Besichtigungen werden angeboten.

Messendorfberg

Spaziergang Nr. 20

In den Jahren 1885/86 wurde auf einem Areal von insgesamt 60 Hektar Grund vom Rheinländer Klenert eine der größten Baumschulen Europas geschaffen, die weit über die Steiermark hinaus bekannt war. 1918 wurde die Baumschule auf den Klenertgründen aufgelassen, jedoch sind im ehemaligen Schaugarten noch zahlreiche Exoten vor-

Wallfahrtskirche Mariatrost: Seit 1999 im Rang einer Basilika

Gedenkstätte für die Gottscheer

Beim Gehöft vulgo Simonjackl beim Haus Messendorfberg Nr. 44

Vom Pachernweg zum Messendorfberg

Am Weg vom Pfangberg zum Zweiten Plattenkreuz

In der Umgebung des Pfangberges

handen: Am eindrucksvollsten sind die 21 Mammutbäume.

Diese botanischen Juwelen konnten in den 1990er-Jahren für die Zukunft gerettet werden: Der 2,8 Hektar große Rest der Baumschule wurde von der Naturschutzjugend erworben. Diese Öko-Insel namens „Grazer Urwald" ist bis auf Widerruf frei begehbar; Zugang gegenüber dem Haus Messendorfberg Nr. 44.

Neupauerweg

Spaziergänge Nr. 41–43, 45 und 46

Am durchwegs steilen Neupauerweg, dem Zugang an der Ostseite des Ölberges in Richtung St. Johann und Paul, stehen mehrere auffallend große, herrschaftliche Häuser, so genannte Höfe. Als erstes fällt der Brandner-Hof auf; er stammt aus dem 17. Jahrhundert. Eine naturdenkmalwürdige Linde steht unmittelbar an der Einfahrt und zieht ebenso alle Blicke auf sich. Weitere sehenswerte Objekte sind der Brandau-Hof und der Lipp-Hof.

Oberer Plattenweg Nr. 62

Spaziergang Nr. 7 und 9

Die in den 1990er-Jahren umgestaltete Villa war Wohnsitz der Grazer Autorin Grete Scheuer (1900 bis 1988); sie war mit Karl Garzarolli von Thurnlack, dem Leiter des Landesmuseums Joanneum und späteren Direktor der Albertina in Wien, verheiratet. Als Schriftstellerin erhielt Grete Scheuer 1971 den Ehrenpreis der Roseggerstiftung und 1979 den Literaturpreis des Landes Steiermark. Sie war Vizepräsidentin des Steirischen Schriftstellerbundes und Gründungsmitglied des Forum Stadtpark.

Pfeifferhofweg

Spaziergang Nr. 8

Das Gelände am Pfeifferhofweg liegt im Stadtbezirk Andritz und zählt zu den klassischen Naherholungsräumen im Bereich der Landeshauptstadt.

Der Pfeifferhof

Die 28 Hektar große Liegenschaft wurde im Jahr 1925 von Professor Eduard Speck für die SPÖ-Organisation „Die Kinderfreunde" um 50.000 Schilling erworben. Das große Areal mit Wald und landwirtschaftlichen Flächen ist frei begehbar.

In der Gegenwart beherbergt der Pfeifferhof die Privatschule „Knallerbse".

Plabutsch (754 m)

Spaziergänge Nr. 36–38

Der Name leitet sich vermutlich vom slawischen Personennamen „Blagota“ ab und ging von einem Weinried unterhalb der heutigen Kernstockwarte aus. Die noch im 19. Jahrhundert gebräuchliche Bezeichnung „Bauernkogel“ könnte wiederum von den bäuerlichen Eigentümern stammen, die einen großen Teil des Bergwaldes besaßen.
Auf Initiative Erzherzog Johanns wurde 1834 in Algersdorf, am Fuße des Plabutsch, ein Musterweingarten angelegt.
Der Plabutsch ist nunmehr jedoch in die Fachliteratur der Straßentunnelbauer eingegangen: Wo gibt es schon sonst einen Berg, der der Länge nach durchquert wird: Exakt 9919 Meter, von Raach bis Webling. Seit der Eröffnung des Plabutschtunnels am 27. Juni 1987 fließt der interregionale und internationale Autoverkehr Tag und Nacht nicht mehr durch Graz, sondern an der Landeshauptstadt vorbei.

Am Plabutsch südwärts in den Mühlbergsattel

Plattenkreuze

Spaziergänge Nr. 7–10 und 12

Die gemauerten Bildstöcke als Wegzeichen der Volksfrömmigkeit wurden in jüngerer Zeit renoviert.
Das Erste Plattenkreuz steht an der Einmündung von Oberem und Unterem Plattenweg, das Zweite Plattenkreuz nördlich der Platte (wo der Wanderweg Nummer 85a einmündet) und das Dritte Plattenkreuz in Wenisbuch, in der Nähe von jenem Sattel, wo Dürrgrabenweg, Janischhofweg, Linecker Weg und Hauersteig von der Wenisbucher Straße abzweigen.

Drittes Plattenkreuz

Pongratz-Moore-Steg

Spaziergang Nr. 2

Dieser für Radfahrer und Fußgänger angelegte Steg gegenüber der Kalvarienkirche wurde 1968/1969 erbaut. Der Bauunternehmer Dr. Oscar von Pongratz (geboren in Windischfeistritz am 25. 12. 1826, gestorben in Wien am 29. 4. 1892) und der englische Wasserleitungs-Ingenieur, der königlich-württembergische Oberbaurat John Moore, Gründer der Grazer Wasserleitungs-Gesellschaft, errichteten 1870 bis 1872 das erste Grazer Wasserwerk.

Vergessen und verträumt: Am Reinerkogel

Reinerkogel (500 m)

Spaziergänge Nr. 3 und 4

Der Name dieses Stadtrandberges im Bezirk Geidorf geht auf das Stift Rein zurück, das an den sonnseitigen Hängen des Reinerkogels intensiven Weinbau betrieb. Von dieser Bewirtschaftung sind nur noch Terrassenmauern erhalten. 1914 erwarb die Stadtgemeinde den Reinerkogelwald samt der „Jakobsleiter", einer Steintreppe mit über 400 Stufen. Der gezimmerte, viergeschoßige Aussichtsturm samt Gaststätte wurde in den 1950er-Jahren abgetragen.

Reiterkaserne

Spaziergang Nr. 16

Die Reiterkaserne wurde zwischen 1840 und 1842 als Große Leonhardkaserne erbaut und ist nebst der seinerzeitigen Lendplatzkaserne und der Großen Dominikanerkaserne eines der ältesten Grazer Kasernengebäude. Hinter den Pfeilerarkaden des großen Innenhofes befanden sich einst die Stallungen für mehr als 200 Pferde.
Nunmehr dient die Reiterkaserne als Wohnhaus.

Betörender Duft eines Frühlingsboten: Seidelbast blüht auch am Grazer Stadtrand

Rettenbachklamm

Spaziergänge Nr. 11 und 13

Dieses Naturdenkmal ersten Ranges ist vielen Grazern völlig unbekannt: An der Nordseite der Platte schneidet sich der in Wenisbuch entspringende Rettenbach tief in das Schiefergestein ein und bildet über eine Strecke von 1,2 Kilometern eine romantische Klamm. Den Steig halten Männer der Berg- und Naturwachtgruppe instand.

Rieshöhe

Spaziergänge Nr. 17 und 18

Ursprünglich und bis in das 18. Jahrhundert verlief die Straße von Graz nach Ungarn durch die Ragnitz und stieg erst im Talschluss zur Ries auf.

Rosenhain

Spaziergang Nr. 6

Weingärten, Wiesen und drei Teiche, von denen heute noch zwei existieren, werden am heutigen Rosenhain bereits Anfang des 17. Jahrhunderts erwähnt. Der Name ist auf ein Gut „Rosenhof"

zurückzuführen, das bereits im ausgehenden Mittelalter bestand.
Seit dem 16. Jahrhundert besaßen die Jesuiten den Rosenhain, wo sie für ihre Ordensmitglieder eine wunderbare Erholungsstätte eingerichtet hatten. Ihr so genanntes „Refektorium" ist heute nur mehr eine traurige Ruine mitten im Hochwald.
Ende des 18. Jahrhunderts erwarben die Grafen von Attems diese herrliche Gegend und gaben sie uneigennützig für die Öffentlichkeit frei. Die Stadt Graz erwarb die gesamte Anlage im Jahr 1928.
Unterhalb vom gleichnamigen Café liegt ein großzügig eingerichteter Kinderspielplatz; auch wurde ein Themen- und Erlebnisweg errichtet: Zahlreiche Pulttafeln sowie ein „Fuß-Fühlpfad" informieren zum Thema Holz.

Die Kirche St. Johann und Paul vor der Restaurierung

St. Johann und Paul (563 m)

Spaziergänge Nr. 36, 42, 43 und 45

Die den Wetterpatronen Johann und Paul geweihte Kirche wurde Ende des 16. Jahrhunderts von der streng katholischen Erzherzogin Maria von Bayern, der Mutter Kaiser Ferdinands II., gestiftet. Das Kircheninnere ist mit bemerkenswerten Fresken geschmückt, die u. a. Szenen aus dem Leben der beiden Wetterpatrone darstellen. Obwohl den Wetterpatronen geweiht, brannten das Kirchendach und der barocke Kirchturm im Jahre 1893 durch Blitzschlag ab. Der nunmehrige Dachreiter besitzt nur noch ein einfaches Zeltdach.

St. Ulrichsbrunn (401 m)

Spaziergang Nr. 3

Bereits 1572 wird eine Kapelle von Ulrichsbrunn erwähnt, die um 1736 auf Initiative des St. Veiter Pfarrers zur heute noch bestehenden Kirche erweitert wurde. Wegen der ursprünglich hinter dem Hochaltar befindlichen „Gnadenquelle" wurde die kleine Kirche ein beliebter Wallfahrtsort. Die Quelle wurde allerdings im Jahr 1917 in die neben der Kirche neu errichtete Maria-Lourdes-Grotte umgeleitet.

Die Kirche St. Ulrichsbrunn

St. Veit (370 m)

Spaziergänge Nr. 29 und 31

Seit dem Mittelalter bis in die Gegenwart ist die Pfarrkirche St. Veit der geistige und künstlerische Mittelpunkt von Andritz. Um 1662 wurde diese Kirche vom St. Lambrechter Stiftsbaumeister

Domenico Sciassia in ihre heutige Form gebracht, wobei nur die Untergeschoße des Kirchturms vom mittelalterlichen Bau erhalten blieben.
Das kostbare Hochaltarbild – es zeigt die Marter des heiligen Veit – vom berühmten Eggenberger Hofmaler Hans Adam Weißenkircher wurde von Fürst Johann Seifried von Eggenberg gestiftet.
Mit St. Veit ist aber auch das unvergängliche Lebenswerk eines musikalisch hoch begabten Mannes verbunden: Lois Steiner, geboren 1907 in der Karchau (Bezirk Murau), in Graz gestorben, war der größte Volksliedsammler der Steiermark. Als jahrzehntelang wirkender Chorleiter präsentierte Lois Steiner große Teile seiner einzigartigen Volksliedsammlung mit dem St. Veiter Chor.

St. Veiter Schlössl

Spaziergänge Nr. 30 und 31

Ehemaliges Schloss St. Gotthard (siehe auch dort); heute Schauplatz zahlreicher Kunst-Events.

Schanzlwirt

Spaziergang Nr. 16

Kuriosum in St. Leonhard: Der Prellstein beim Schanzlwirt

Schon im 12. Jahrhundert gab es an der Stelle des heutigen Gasthauses – es steht sowohl dem Landeskrankenhaus als auch der St.-Leonhard-Kirche gegenüber – eine Taverne; sie gehörte zu einem Gutshof namens Guntarn.
Eine Kuriosität ist der steinerne dicke Wirt an der Hausecke; er zählt zu den originellsten Prellsteinen (Rad-Abweisern) in Graz.

Schloss Eggenberg

Spaziergang Nr. 39

Barocker Prunk pur: Das Schloss Eggenberg

Das Stammschloss der Eggenberger aus dem 15. Jahrhundert wurde, wie die bauarchäologische Erforschung ergab, weitgehend in den Schlossbau des 17. Jahrhunderts einbezogen.
Als Hans Ulrich von Eggenberg 1623 in den erblichen Reichsfürstenstand erhoben und zwei Jahre später Statthalter der Innerösterreichischen Länder wurde, begann er ab 1625 mit dem großzügigen Ausbau seines Stammsitzes.
Das Schloss war baulich Mitte des 17. Jahrhunderts fertig gestellt, die prunkvolle Innenausgestaltung war Ende desselben Jahrhunderts vollendet. Nach den Plänen des Grazer Hofmalers und Hofarchitekten Giovanni Pietro de Pomis und geistig beein-

flusst durch den Fürsten Hans Ulrich wurde dem bedeutendsten steirischen Schloss ein umfassendes allegorisches Programm zugrunde gelegt: Die 365 Außenfenster symbolisieren die Tage des Jahres, jedes Stockwerk birgt 31 Räume, die 24 Stunden des Tages ergeben sich aus der Zahl der Prunkräume, je zwölf Zimmer auf jeder Seite der Symmetrieachse. Die 24 Zimmer besitzen zusammen 52 Fenster, mit den dazugerechneten acht Fenstern des Planetensaales ergibt sich die Zahl der 60 Sekunden oder Minuten. Das Prunkgeschoß hat 52 Türen und die Parkmauer zwölf Tore. Diese konsequente mathematisch-astrologische Ordnung findet ihren Höhepunkt in den berühmten Gemälden Hans Adam Weißenkirchers, die wiederum die sieben Wochentage und die zwölf Monate eines Jahres symbolisieren.
Weit über 500 Gemälde an den Decken der Prunkräume stellen als riesiges Bilderbuch dieser Zeit Themen aus der antiken Mythologie, dem Alten Testament sowie der persischen, jüdischen, griechischen und abendländischen Geschichte dar. In einer zweiten Ausstattungsperiode, als das Schloss schon im Besitz der Grafen Herberstein war, wurden die Wände zahlreicher Prunkräume durch den Grazer Maler Johann Baptist Anton Raunacher in einem völlig neuen, fröhlichen Geist mit großflächigen bemalten Wandbespannungen ausgestattet; sie geben die Lebensfreude der Rokokozeit wieder.
Das Schloss liegt inmitten eines prächtigen, etwa 17 Hektar großen Parks, der sein heutiges Aussehen der Umwandlung des barocken Gartens mit seinen zahlreichen Statuen, gestutzten Baum- und Heckenreihen nach der Mitte des 19. Jahrhunderts in einen englischen Landschaftspark verdankt.
Seit 1939 im Besitz des Landes Steiermark, sind die Prunkräume im Rahmen von Führungen und auch die im Schloss untergebrachten Abteilungen des Landesmuseums Joanneum (Vor- und Frühgeschichte, Münzensammlung, Alte Galerie und die Römersteinsammlung) zu besichtigen.
Neben einem „Langzeit-Restaurierungsprogramm" der Prunkräume wird zurzeit der Schlosspark in den Zustand der zweiten Hälfte des 19. Jahrhunderts umgestaltet.

Im Schlosspark: Wegweiser zum Lapidarium

Der Schlosspark im Eingangsbereich ...

... und von der Bergseite der Blick auf das Schloss-Areal

Das Schloss Gösting

Schloss Gösting

Spaziergänge Nr. 32–37

Nach dem Brand der alten Burg Gösting ließen die Grafen Attems auf den Meierhofgründen am Fuße des Burgberges zwischen 1723 und 1728 eines der prächtigsten Barockschlösser der Steiermark errichten. Der U-förmige Grundriss des Schlosses umschließt einen Ehrenhof, der zum ausgedehnten Schlosspark ausgerichtet ist. Das Innere des Schlosses war überaus reich ausgestattet. Heute ist dieser Prunkbau nicht mehr öffentlich zugänglich, da alle Räumlichkeiten einschließlich der beiden Pavillons zu Eigentumswohnungen adaptiert wurden.

Schloss St. Gotthard: Nunmehr St. Veiter Schlössl genannt

Schloss St. Gotthard/St. Veiter Schlössl

Spaziergänge Nr. 30 und 31

Das Schloss gehörte seit dem 14. Jahrhundert dem Stift St. Lambrecht und besaß seit dem 17. Jahrhundert eine Schlosskirche, die der bedeutende St. Lambrechter Stiftsbaumeister Domenico Sciassia errichtete. Kirche und Schloss waren prunkvoll ausgestattet. Kaiser Leopold I. hielt sich 1660 und 1673 in St. Gotthard auf. Nach der Aufhebung des Stiftes in der josefinischen Zeit ging das Schloss an private Eigentümer über. Einer von ihnen, offenkundig ein Mann vom Schlage eines Vandalen, ließ die Schlosskirche sprengen, da sie ihm die Aussicht zum Grazer Schlossberg verstellte.

Schloss St. Martin (411 m)

Spaziergänge Nr. 42–47 und 50

Kirche und Schloss St. Martin

Im Mittelpunkt des Interesses aller Besucher steht das weithin sichtbare Schloss St. Martin: Es wird bereits im 11. Jahrhundert urkundlich als Aribonenbesitz genannt und kam über den Salzburger Erzbischof 1144 in den Besitz des Stiftes Admont. Seine heutige Gestalt erhielt das Schloss im 17. Jahrhundert. Ebenfalls aus dieser Zeit stammt die Schlosskirche, deren Inneres ein Grazer Juwel birgt: Den vom berühmten, in Graz geborenen Admonter Stiftsbildhauer Thaddäus Stammel um 1740 geschnitzten Rossaltar mit den drei lebensgroßen Pferdedarstellungen. Das Schloss wurde bereits 1914 vom „Verein für bäuerliche Fortbildung" gepachtet und schließlich 1936 vom Land Steiermark erworben. Auf Initiative des Priesters Josef Steinberger – er fand seine letzte Ruhestätte in St. Wolfgang am Zirbitzkogel – entstand hier das erste bäuerliche Fortbildungsheim im deutschen Sprachraum. Trotz schwerer Bombenschäden im Jahr 1944 wurde die Bildungstätigkeit des Volksbildungsheimes St. Martin kurz nach Kriegsende bereits wieder aufgenommen.

Das Wahrzeichen auf der Platte: Die Stefanienwarte

Stefanienwarte auf der Platte (651 m)

Spaziergänge Nr. 9 und 10

Ein bereits 1838 errichteter hölzerner Aussichtsturm wurde im Jahre 1880 vom Steirischen Gebirgsverein durch den heute noch erhaltenen Backsteinbau ersetzt. Die Warte erhielt „mit allerhöchster Bewilligung" den Namen „Stephanienwarte" nach der Gemahlin des Kronprinzen Rudolf. Am 18. September 1880 eröffnet, wurde die Warte vom Steirischen Gebirgsverein (St. G. V.) bereits in den Jahren 1892 und 1923 renoviert. Die jüngste große Renovierung fand im Frühjahr 1979 statt. Den Schlüssel zur Warte verleiht die Geschäftsstelle der Alpenvereinssektion Graz (Sackstraße 16) gegen eine Kaution in Höhe von derzeit 30 Euro.

Straßgang

Spaziergänge Nr. 36, 45, 47–49

Im 16. Grazer Stadtbezirk Straßgang beginnen Spazier- und Wanderwege sowohl nahe Webling, beim Schloss St. Martin als auch unmittelbar an der Bushaltestelle Straßgang-Zentrum, von wo der Hauptzugang zur Pfarrkirche führt.

Straßgang und sein Wahrzeichen am Berg: Die Kirche Maria Elend

Die Pfarrkirche

Gemeinsam mit dem Pfarrhof auf einer vorgeschobenen Terrasse des Florianiberges stehend, beherrscht die Kirche ähnlich einer Burg das südwestliche Grazer Feld. Schon vor rund 1000 Jahren stand hier eine Kapelle. Die neu errichtete Marienkirche (Maria Elend) wurde bereits 1140 zur Pfarre erhoben. Aus romanischer Zeit blieben die Untergeschoße des mächtigen Kirchturms und die Mauern des Kirchenschiffes, allerdings in spätgotischer Zeit neu eingewölbt, erhalten. Römische Grabsteine, an der Außenwand der Kirche eingemauert, erinnern an die Zeit, in der unser Gebiet zur römischen Provinz Noricum gehörte. Das Prunkstück des Kircheninneren ist die prächtige spätgotische Schutzmantelmadonna auf dem Hochaltar.

Der Sieger von Lissa: Admiral Wilhelm von Tegetthoff

Erinnerung an die Mur-Fähre

Zu einer großen Stadtführung gehört auch die Wegenergasse

Tegetthoff-Denkmal

Spaziergang Nr. 16

Das 1877 auf dem Monte Zaro in Pola (Pula; Kriegshafen der österreichisch-ungarischen Monarchie) errichtete monumentale Denkmal wurde im Jahre 1935 aus einem venezianischen Depot nach Graz gebracht und auf seinem heutigen Standort, in einer Parkanlage an der Elisabethstraße, aufgestellt.

Überfuhr

Spaziergang Nr. 2

Auf der Höhe des Kalvarienberges verkehrte zwischen 1934 und 1958 ein an einem Seil geführtes Fährfloß über die Mur; am Ufer sind noch Fundamente sichtbar.

Wegenergasse („Bachmann-Kolonie")

Spaziergang Nr. 16; auch im Anschluss an Spaziergang Nr. 19

An dieser nach dem berühmten Grazer Polarforscher und Begründer der Kontinental-Verschiebungstheorie, Alfred Wegener, benannten Gasse wurden von 1910 bis 1911 nach Plänen des Architekten Adolf Ritter von Inffeld eindrucksvolle Wohnhäuser im sezessionistischen Stil erbaut. Nach dem Bauherrn Dr. Bachmann wird diese Siedlung als „Bachmann-Kolonie" bezeichnet. Am Wohnhaus von Wegener erinnert eine Gedenktafel an den großen Wissenschaftler.

Wetzelsdorf

Spaziergänge Nr. 41–43, 45 und 46

Der Dorfname leitet sich vom Personennamen eines Wezilo ab. Noch im Jahre 1821 waren die Flächen der Weingärten an der Steinbergstraße und am Osthang des Ölberges zehnmal größer als jene der Obstgärten. Im Krottenhof, einem alten Edelhof, wurde bereits 1867 von den Landständen eine speziell für Bauern eingerichtete landwirtschaftliche Schule gegründet. Mit der Schaffung von Groß-Graz endete im Jahre 1938 die Selbstständigkeit auch der Gemeinde Wetzelsdorf, die damals – gemeinsam mit Eggenberg und Teilen der Stadtbezirke Lend und Gries – in den neuen Verwaltungsbezirk „Graz-West" aufging. Seit dem Jahre 1946 gibt es den 15. Grazer Stadtbezirk Wetzelsdorf.

2. Erlebnispunkte außerhalb des Grazer Stadtgebietes

Alpengarten Rannach (700 m)

Spaziergang Nr. 29

Der Alpengarten wurde im Jahre 1953 installiert und entwickelte sich im Laufe von 50 Jahren zu einem populären Ausflugsziel. Die gärtnerisch-wissenschaftliche Betreuung des schließlich von tausenden Pflanzen bedeckten Areals wurde um das Jahr 2004 vom Landesmuseum Joanneum – dem Eigner dieser Liegenschaft – aus Rentabilitätsgründen aufgelassen. Während der Schließungszeit anno 2004/05 wurde der Pflanzenbestand geplündert. Seit 2005 ist die Gemeinde Stattegg Pächterin des Alpengartens Rannach. Zu Beginn des Jahres 2006 hat sich im Siedlungsraum Rannach eine Interessengemeinschaft gebildet, welche sich zum Ziel gesetzt hat, dass unter Mitwirkung des Landesmuseums Joanneum der Pflanzenbestand des Alpengartens wieder hergestellt wird.
Nach wie vor kann das Areal ganzjährig und bei freiem Zutritt besucht werden; die dazu gehörende Gaststätte ist seit 26. Oktober 2005 unter neuer Leitung in Betrieb, täglich von 10 bis 22 Uhr (Ruhetag: Mittwoch).

Eine erholsame Ecke: Im Alpengarten Rannach

Andritz-Ursprung

Spaziergang Nr. 27

Die Ursprungquelle des Andritzbaches liegt in der Gemeinde Stattegg und ist ein Naturdenkmal ersten Ranges: Eine fast kreisrunde Quellstube schüttet pro Sekunde bis zu 200 Liter kristallklares Wasser. Wasserpflanzen bedecken den Grund der teichähnlichen Quellstube, die von drei unterirdischen ergiebigen Karstquellen gespeist wird. Die Wassertemperatur beträgt ganzjährig um die zehn Grad Celsius. Im Jahre 1830 führte Erzherzog Johann seinen Bruder, Kaiser Franz I., und dessen Gattin Caroline zu dieser Attraktion. Seit geraumer Zeit ist die Karstquelle im Besitz der Jakob-Lorber-Gesellschaft.
Derzeit ist die Schöpfquelle für die Öffentlichkeit bis auf Widerruf rund um die Uhr zugänglich.
Der bereits Anfang des 17. Jahrhunderts gefasste Plan, das glasklare Quellwasser in Rohrleitungen der nahen Landeshauptstadt zuzuführen, wurde infolge zu hoher Kosten nicht ausgeführt.

Am Ursprung des Andritzbaches: Trinkwasser frisch von der Quelle

Die Forellenzucht-Anlage

Nächst dem Ursprung nutzen der Landesfischereiverband sowie die Firma Igler mit zahlreichen Fischteichen die starke Schüttung der Quelle. Viele Bewohner und Besucher nehmen die Gelegenheit wahr, Fische „direkt an der Quelle“ zu kaufen (Montag bis Freitag 7 bis 12 und 13 bis 17 Uhr, an Samstagen 8 bis 11 Uhr).

Gedersberg (500 m)

Spaziergänge Nr. 47–50

Gedersberg: Das Weinbaugebiet reicht an die Stadtgrenze heran

Von den ehemals ausgedehnten Weingärten an den sonnenreichen Hängen verblieben – ähnlich wie am benachbarten Buchkogel – nach dem Zweiten Weltkrieg nur noch Restflächen für den Weinbau.
Nunmehr zählt Gedersberg zu den bevorzugten Stadtrand-Wohnlagen und weist dennoch eine ländlich anmutende Kulturlandschaft auf.
In Gedersberg (Gemeinde Seiersberg) wohnte auch Universitätsprofessor Viktor von Geramb. Nach diesem berühmten Volkskundler ist am Fuße des Gedersbergs eine Straße benannt, so wie im zehnten Grazer Stadtbezirk Ries der Viktor-Geramb-Weg.
Viktor Geramb, geboren am 24. 3. 1884 in Deutschlandsberg, gestorben in Graz am 8. 1. 1958, war der Gründer des Steirischen Volkskundemuseums und des Steirischen Heimatwerkes (beides in der Grazer Paulustorgasse 13).

Kalkleiten (698 m)

Spaziergänge Nr. 25 und 26

Von Kalkleiten auch in Richtung Schöckl

Der Kirchweiler Kalkleiten (Gemeinde Stattegg) liegt auf einer sonnseitigen Terrasse in halbwegs ebener Verbindung mit Buch, Leber und Zösenberg sowie mit Wanderwegen talwärts in Richtung Stattegg und bergwärts über die Erhardhöhe und den Hohenberg zum Schöckl. Diese ideale Lage wird von Spaziergängern und Wandergästen gleichermaßen ganzjährig gerne genutzt.

Die Spielwiese

An der Höhenstraße zwischen Kalkleiten und der Kapelle in Buch liegt das ein Hektar große Wiesengrundstück, welches die Stadtgemeinde Graz angekauft hat und das der Bevölkerung ganzjährig frei zugänglich für Erholungszwecke zur Verfügung steht.

Die Kirche Maria Schutz

Diese Filialkirche wurde von 1960 bis 1962 nach einem Plan des nach Graz zugezogenen Architekten Kurt Weber-Mzell (Mzell steht für Mariazell, Webers Heimatort) erbaut, wobei das ausladende Kirchendach den Schutzmantel der Muttergottes symbolisieren soll. Die prächtigen Glasgemälde wurden teils nach Entwürfen Alfred Wickenburgs und Franz Felfers ausgeführt. Der weststeirische Künstler Franz Weiß schuf die Statue der Schutzmantelmadonna, Alexander Silveri das Bronzekruzifix.

Tribut an die Moderne: Die Kirche in Kalkleiten

St. Radegund (717 m) und Umgebung

Spaziergang Nr. 24

Der im Bezirk Graz-Umgebung bekannteste Luft-Kurort hat seinen Ursprung in den „Kaltwasseranstalten"; populärster Kurarzt war Dr. Gustav Novy. Bekannt waren schon im 19. Jahrhundert die Radegunder „Rosskuren": Nervenleidende mussten täglich zwischen vier und sechs Uhr morgens aufstehen und ein kaltes Heilbad nehmen. Danach folgte der Morgenspaziergang zu einer bestimmten Quelle, dort wurde eiskaltes Wasser getrunken. Ein Bezug zu „Rosskuren" bestand darin, dass z. B. Patienten mit akuter Lungenentzündung in ein Schaff gestellt und mit 40 Glas kaltem Wasser übergossen wurden. In der Gegenwart profitiert St. Radegund sowohl vom großen Rehabilitationszentrum für Herzkranke, das die Pensionsversicherungsanstalt für Arbeiter führt, als auch von den jährlich zigtausend Tagesgästen, die vor allem den Schöckl erstürmen – zu Fuß oder mit der Schöckel-Seilbahn.

Von der Fürwallnerhöhe nach St. Radegund

Der Kalvarienberg

Eine der größten österreichischen Kalvarienberganlagen wurde um die Mitte des 18. Jahrhunderts durch den legendären Pfarrer aus St. Radegund, Franz Xaver Braun, erbaut. Die Anlage besteht aus 22 Stationskapellen, der Heiligen Stiege, der Kirche und der Kreuzgruppe. Der Grazer Bildhauer Philipp Jakob Straub schuf künstlerisch bedeutende Steinplastiken.

Ein Unikat: Der St. Radegunder Kalvarienberg

Der Novystein

Der etwa 20 Meter hohe Obelisk auf der Fürwallnerhöhe (910 m) wurde von dankbaren St. Radegunder Kurgästen im Jahre 1883 zu Ehren des beliebten Kurarztes Dr. Gustav Novy errichtet. Wegen dieses Ehrenmales bürgerte sich in der Folge an Stelle der früheren Bezeichnung „Fürwald" für die-

Vom Novystein zur Ruine Ehrenfels

Der Wetterturm in Rinnegg

se schroffe Felskuppe der Name „Novystein“ ein. Der Obelisk steht etwas südlich, unterhalb des Gipfels; auf dem Fels der Gipfelkuppe hat die Berg- und Naturwacht St. Radegund ein Holzkreuz errichtet.

Die Burgruine Ehrenfels

Um diese kleine Burgruine, deren Grundmauern aus dem 12./13. Jahrhundert stammen, ranken sich schaurige Schatz- und Hexengeschichten. Der mächtige Bergfried ist am besten erhalten. Seit einiger Zeit ist Ehrenfels im Besitz einer Grazer Familie, die die Burgruine zu einem modernen Wohnhaus adaptiert hat.

Der Tegetthoffstein

„Hier weilte oft und gern Tegetthoff“, erinnert eine Widmung bei jener Aussichtskanzel, von der aus der Kurort St. Radegund und dessen hügelige Umgebung gut überschaubar sind. Es ist leicht nachvollziehbar, dass sich Admiral Tegetthoff – er siegte 1866 in der Seeschlacht vor Lissa (heute Vis) – auf seinem Lieblingsplatz wohlfühlte. An den Aufenthalt von 1870 erinnert auch die „Tegetthoffvilla“ inmitten des Kurortes St. Radegund.

Der Wetterturm am Römerweg

Vom steinernen Wetterturm in Rinnegg führt eine gerade Linie über den ebenfalls gemauerten Wetterturm in der Talsenke von Niederschöckl zum holzgezimmerten Wetterturm auf dem Schaftalberg. (Im Freilichtmuseum Stübing steht eine Nachbildung dieses hölzernen Turmes.) Alle diese Wettertürme sind heute funktions- und glockenlos, da Kaiser Josef II. im Jahre 1783 das Glockenläuten zur Unwetterabwehr als Aberglauben verbot.

St. Rupert am Hohenrain

Spaziergang Nr. 21

Die Filialkirche wurde zwischen 1959/60 nach einem Entwurf des Architekten Eberhart Jäger erbaut. Das Glasgemälde schuf der Grazer Künstler Rudolf Szyszkowitz, das Altarkreuz und der Tabernakel stammen vom Grazer Bildhauer Ulf Mayer. Aus der Vordernberger Laurentiuskirche stammt das spätgotische Holzkruzifix im Chor.

Schloss Plankenwarth

Spaziergang Nr. 35

Das gut erhaltene Schloss, eigentlich eine Burg, wurde bereits im 12. Jahrhundert erwähnt und hatte im Laufe der Jahrhunderte verschiedene adelige

Besitzer. Von der ehemaligen Doppelburg blieb als wuchtiger Restbestand – und etwas tiefer gelegen als die einstige Hochburg – die Ludwigsburg aus dem 16. Jahrhundert erhalten. Sie gab den Stoff für die Sage über die feindlichen Brüder von Plankenwarth. Nach einer Nutzung als Sanatorium in der Zwischenkriegszeit ist Plankenwarth seit den 1980er-Jahren im Besitz eines Grazer Rechtsanwaltes, der einige viel beachtete Ausstellungen in den eindrucksvollen Burgräumen präsentierte. Derzeit ist das Schloss nicht öffentlich zugänglich.
Spaziergänger können das Schloss auf einem Pfad umrunden. Im Weiteren folgt man ab den Parkplätzen vor dem Haupttor am besten einem Flurweg, der ostwärts auf Wiesen bergab führt und zu den Markierungen in Richtung Gösting, Thal oder Steinberg. Gegenüber der Schlosstaverne leitet die Markierung nach Gratwein.

Schloss Plankenwarth

Schloss Reintal

Spaziergang Nr. 21

Der Name stammt vom Reintal bei Pachern, das nach dem Stift Rein benannt wurde, welches auch in dieser Gegend über Grundbesitz verfügte. Bedingt durch die Stellung der Stadt als Residenzstadt wurden im 16. Jahrhundert im hügeligen Umland vom Adel zahlreiche Ansitze errichtet, die meist aus Bauernhöfen hervorgingen. So wird ein „Hof zu Pachern“ im Besitz des Bischofs von Seckau schon im 13. Jahrhundert erwähnt. Im Jahr 1419 wird das Gut bereits „Hof im Reintal“ genannt. Der Ausbau zum heutigen Schloss erfolgte im 16. Jahrhundert. In der Folge gehörte das Gut verschiedenen Besitzern. Derzeit ist die Stadt Graz Eigentümer des Schlösschens, das jeden Sommer als Kulisse für Theateraufführungen dient.

Das Wohnhaus von Paul Anton Keller
An der Bushaltestelle Schloss Reintal. Eine Gedenktafel erinnert an diesen bedeutenden steirischen Dichter (1907–1976). In seinen letzten Lebensjahren besaß er die Burg Lockenhaus (Burgenland), ließ diese umfassend restaurieren und zu einem Kulturzentrum ausbauen.

Die Geigentage auf der Leber haben sich zu musischen Großereignissen entwickelt: Dank-Stele für die Familie Martinelli

Stattegg

Spaziergänge Nr. 25–31

Das Gemeindegebiet von Stattegg wird umgeben von so beliebten Ausflugszielen wie Andritz-

Stattegg ganz in Grün: Das Kinderspielplatz-Gelände an der Höhenstraße Buch – Kalkleiten

Weithin sichtbar: Die Wallfahrtskirche Maria Straßengel

Fluren in Kötschberg: Vom Kreuzwirt zum Thalkreuz

Ursprung, Alpengarten, Buch, Kalkleiten, Leber, Rannach und Zösenberg.
Die Stadecker, die im 12. Jahrhundert das bis zur Kanzel, Rannach, Leber und zum Schöckl reichende Gebiet besaßen, zählten zu den einflussreichsten Ministerialen der steirischen Landesfürsten. Sie starben aber bereits um das Jahr 1400 aus. Von ihrer Burg Stadeck, die um 1404 als verfallen bezeichnet wurde, sind massive Reste von Bruchsteinmauern erhalten geblieben und nächst der Josef-Krainer-Schule in Stattegg-Hub zu sehen.

Straßengel (454 m)

Spaziergang Nr. 34

Die Wallfahrtskirche Maria Straßengel wurde um die Mitte des 14. Jahrhunderts durch das Zisterzienserstift Rein als einer der bedeutendsten Sakralbauten der Hochgotik in Österreich errichtet. Großartig ist der fast 50 Meter hohe Kirchturm mit seinem filigranen durchbrochenen Turmhelm. Besonders bemerkenswert sind neben den beiden Tympanonreliefs die aus dem 14. Jahrhundert erhalten gebliebenen Glasgemälde. Die 147 Rechteckscheiben und Maßwerkfenster sind der größte zusammenhängende Bestand mittelalterlicher Glasmalereien in der Steiermark. Das am Hochaltar angebrachte Tafelbild der „Madonna im Ährenkleid" aus dem 15. Jahrhundert ist eine Kopie. Das Originalbild wurde 1976 gestohlen und blieb bis heute leider verschollen.

Thal (460 m)

Spaziergänge Nr. 32–35

Das Gemeindegebiet von Thal hat seit nunmehr gut 80 Jahren einen hohen Stellenwert im westlichen Naherholungsraum von Graz. Im Norden bildet der viel begangene Plankenwarther Höhenweg (Weg Nummer 563) eine Art Grenzweg, welcher durch weitläufigen Buchenwald führt.

Die Bildbuche

Spaziergang Nr. 34

Der quasi heilige Baum steht nur wenige Schritte südwestlich vom Thaler Sattel und somit auch etwas abseits vom Plankenwarther Höhenweg. Aber der markierte Weg Nummer 30 führt direkt an die Buche heran, deren Stamm rundum mit Heiligenbildern behangen ist. Vom Gasthaus Kreuzwirt aus ist die Bildbuche in knapp 30 Minuten erreichbar.

Die Burgruine Unterthal

Spaziergänge Nr. 33 und 34

Von der im 13. Jahrhundert auf einem freistehenden Hügel errichteten riesigen Burg sind heute in Thal-Linak nur noch karge Reste vorhanden. Nur ein Rundturm mit einem Kegeldach blieb bis heute bewohnbar. Die Burg wurde nach einem Brand im Jahre 1715 allmählich dem Verfall preisgegeben und in der Folge als Steinbruch benutzt. Da mit der Burg auch die Burg- und Pfarrkirche St. Jakob zur Ruine geworden war, wurde das Pfarrkirchenrecht mit dem Patrozinium St. Jakob der nahe gelegenen Friedhofskirche übertragen und die Kirchenruine bis auf einen Mauerzahn abgetragen. Von den gegenwärtigen Besitzern wurden Sicherungsarbeiten durchgeführt.

Die Pfarrkirche St. Jakob

Spaziergänge Nr. 33 und 34

Die Thaler Pfarrkirche steht auf dem Kirchberg. Der bescheidene Sakralbau wurde zwischen 1992 und 1994 nach Plänen des Architekten Manfred Fuchsbichler erweitert und von Ernst Fuchs, einem bedeutenden Vertreter der Wiener Schule des Phantastischen Realismus, künstlerisch gestaltet. Mit diesem Kirchenbau hat die Gemeinde Thal eine viel bestaunte und bewunderte, aber ebenso viel kritisierte Attraktion sakraler Prägung.

Das Wahrzeichen von Thal: Die Pfarrkirche St. Jakob

Das Schloss Oberthal

Spaziergang Nr. 35

Der Edelsitz Waldsdorf aus dem 12. Jahrhundert wurde im 16. Jahrhundert durch die Familie Windischgrätz zu einem Renaissanceschloss ausgebaut. Die Grafen Trautmansdorff erwarben das Schloss im 17. Jahrhundert und statteten es zu einem der prächtigsten Edelsitze der Grazer Umgebung aus. Besitzer in der Biedermeierzeit verliehen dem Bau den Charakter eines Tudorschlosses mit zinnenbekrönten Türmen, unverändert blieb nur der prächtige dreigeschoßige Renaissance-Arkadenhof. Um 1925 wurden die verspielten Tudor-Zinnen wieder beseitigt und das Schloss so gut wie möglich in seinen ursprünglichen Zustand zurückgeführt. Seit 1960 ist Oberthal in Privatbesitz.

Thalersee

Spaziergänge Nr. 33, 34 und 40

Die Fischteiche, die es bereits in historischen Zeiten unterhalb der Burg Unterthal gab, wurden im Laufe

Erholungslandschaft seit anno 1925: Der Thalersee

Ausflugsspaß in klassischer Weise auf dem Thalersee

des 18. Jahrhunderts weitgehend trockengelegt. Ab dem Jahre 1920 wurde das Wasser in den Teichen jeweils im Herbst wieder eingestaut, um den Winter über Eis zu gewinnen für die damals noch „kühlschranklosen Zeiten", in denen man während des Sommers Fleisch und Getränke mit Eisblöcken kühl hielt.
Im Jahre 1925 wurde der See auf Initiative von Hans von Reininghaus – er war einer der großzügigsten Förderer der Stadt Graz – zum „größten Strandbad der Steiermark" ausgebaut. Alle Gäste schwärmten vom Wasser des Thalersees, das so klar sei wie jenes des Wörthersees und so warm wie die Adria. 1929 wurde sogar eine zehn Meter hohe Wasserrutsche errichtet; es wurden Ruder- und Segelboote vermietet, schließlich folgte der Bau einer Wochenend-Kolonie mit kleinen Blockhäusern, weiters kamen ein Restaurant und Kaffeehaus sowie eine Waldschenke und eine Milchtrinkhalle hinzu. An schönen Sonntagen zählte man stets um die 5000 Badegäste.

Nach dem Zweiten Weltkrieg verwahrloste und folglich verlandete der See immer mehr. Es war schließlich höchst an der Zeit, wieder einmal entschieden zu handeln: Mit dem Kauf des Sees durch die Gemeinde Thal gemeinsam mit der Stadt Graz wurde 1992/1993 ermöglicht, die meterhohe Schlammschicht auszubaggern sowie ein Rückhalte- und Klärbecken zu schaffen.

Nunmehr zeigt sich der Thalersee wieder von seiner klassisch-erholsamen Seite: Einladend zum Spazieren rund um den See während aller Jahreszeiten und mit einem Treffpunkt beim ganzjährig geöffneten Restaurant.

Weinitzen (491–700 m)

Spaziergänge Nr. 11, 22, 23, 24 und 25

Wertvoller Landschaftsteil im Grazer Naherholungsraum: Von Weinitzen zum Schöckl

Die grüne Lunge um Graz hat mit Weinitzen einen starken Flügel. Er reicht vom Lineckberg und Zösenberg bis zum Faßlberg, ebenso von Nadisch über Niederschöckl zur Pölzenkapelle in Bleihütten sowie über die Möltenhöhe nach Oberschöckl.
Der Annengraben verbindet wie eine Lebensader die Gemeinde Weinitzen mit dem nordöstlichen Grazer Stadtbezirk Andritz – und umgekehrt: Radfahrer, Spaziergänger und Wanderer drängen sich gerne durch den Annengraben stadtauswärts – zumindest bis zum Rastplatz beim „Hexenkessel".